Yvan TETELBOM

Le Prédateur

Témoignage

Libre 2 Lire

Cet ouvrage a été composé en France par Libre 2 Lire

www.libre2lire.fr – contact@libre2lire.fr
9, Rue du Calvaire – 11600 ARAGON

ISBN papier : 978-2-490522-29-3
ISBN Numérique : 978-2-490522-30-9
Dépôt légal : Septembre 2019

Illustration de couverture :
NEMES – Tableau par Gérard Curci "Toussaint"
www.toussaintcurci.com

La souffrance enfante les songes,
Comme une ruche ses abeilles,
L'homme crie où son fer le ronge,
Et sa plaie engendre un soleil,
Plus beau que les anciens mensonges.

Je ne sais ce qui me possède,
Et me pousse à dire à voix haute,
Ni pour la pitié ni pour l'aide,
Ni comme on avouerait ses fautes,
Ce qui m'habite et qui m'obsède.

Aragon

À Marie

À Sarah, Tao.

Un prédateur est une personne qui abuse d'une autre, plus vulnérable qu'elle.

DÉFLAGRATION INTIME

Après la déflagration générale et le renouvellement des choses, les âmes retourneront dans les corps qu'elles ont animés.

Diderot

C'était un jour ordinaire comme tous les jours qui se lèvent à la même heure.

Aucune agitation ne montait de la rue : ni les klaxons des voitures, ni les conversations bruyantes qui habituellement attaquaient les tympans.

Orléansville, ancienne cité romaine, située entre Alger et Oran, baignait dans un climat chaud et humide, annonçant l'été, alors que nous étions à peine à mi-printemps.

Je faisais la sieste, un jour où il n'y avait pas école. Rien ne laissait supposer qu'une ombre prédatrice dissimulée dans le noir, allait surgir.

L'arme du crime était un poignard en forme de sexe. La plaie avait répandu en moi du sperme à la place du sang.

J'avais 12 ans.

Et je me vis assis sur une portion de chaise, apeuré, prostré, dévasté, en état de sidération, tête basse, les épaules lourdes, le regard saisi par l'effroi.

Je savais que lorsque l'âme et le corps se séparent, c'est le moment où l'on meurt. Donc j'étais mort. J'eus à peine le temps, d'apercevoir mon corps inerte, recroquevillé dans son détritus de chair glacée, dégoulinant de sperme, puis tout se fragmenta à la Picassienne dans l'extrême lenteur des situations post traumatiques.

Je fus aspiré par le vide.

Le cri ne vint jamais.

PREMIERS TROUBLES

Le monde m'échappe et je ne le retiens pas

Anne Goscinny

Je suis en terre inconnue. J'évolue dans un monde étrange. Mon esprit rôde autour de ce corps sans vie mais qui respire encore. Je ne sais plus qui je suis, où je vais, si j'existe. Je marche, je dors, je mange, je bois, je me lave. J'exécute des gestes mécaniques. Je vais au collège, j'écoute mes professeurs poliment, je ne prête pas attention à ce qui m'entoure. Je ne comprends pas toujours ce que l'on me dit. Lorsque l'on m'appelle, je ne réagis pas. Parce que je pense que ce n'est pas moi que l'on appelle. Je ne ressens rien, comme anesthésié au point d'être absent de toute empathie vis-à-vis des autres. Je suis un automate. Je n'ai pas la réflexion immédiate. Je suis obsédé par des pensées négatives. Je souffre, mais je ne sais pas de quoi je souffre. Il y avait un avant, il n'y a plus d'après.

Je me fiche de savoir s'il pleut, s'il fait soleil. Je ne suis ni réceptif au froid ni à la chaleur. Mon cerveau s'est probablement déconnecté du monde réel. J'habite le ciel des oiseaux. Je me perds dans le silence des nuages.

Je sais juste que je suis élève en sixième au collège Lallemand à Orléansville. Ainsi en a décidé le conseil de famille qui m'a exfiltré précipitamment de mon milieu familial en Kabylie, car l'on juge que je ne peux évoluer que dans un milieu éduqué, mon grand-père étant greffier au tribunal d'instance de la ville. D'ailleurs, l'on ne me demande pas mon avis.

Orléansville, anciennement Castellum Tingitanum est le site d'une cité romaine. Elle abrite des vestiges archéologiques précieux. Elle est fondée en 1843 par le général Bugeaud sur le lieu-dit El Asnam. Elle prendra le nom d'Orléansville, qui vient de Ferdinand, duc d'Orléans et fils du roi de France tué dans un accident de voiture sur la route de Paris à Neuilly le 13 juillet 1842. Le décret du 31 décembre 1856 crée la commune de plein exercice. L'atmosphère de la ville y est brûlante, irrespirable dès les premiers jours du printemps. Le Colonel de Saint-Arnaud dit même au début de la présence française, que c'est « un grand désert ». L'on y parle la langue arabe, ce qui me change radicalement de la langue kabyle ou *aqbaylit*, si douce et poétique à mon oreille dont l'alphabet est composé principalement de lettres latines avec quelques-unes inspirées du grec auxquels s'agrègent le touareg au sud, le *chleuh* au Maroc, puis le *mzab*, le *chaoui,* le *rifia* et le *chenoui.*

Je me sens misérable, minable, fragile, inutile, indésirable. Je ne sais même pas si je pense et à fortiori à quoi je pense. Il n'y a aucune épaisseur entre ce que je représente et le néant. Je suis une vague morte, un tracé, une esquisse de vie baignant dans sa rêverie, une substance hybride, une espèce d'évanescence, un être indéfini en voie de décomposition morale et physique.

Lorsque je fais pipi au lit la nuit, ma grand-mère Esther hurle comme une folle, en me frappant avec sa sandale. Elle me dit que je suis la honte de la famille, que je salis ses draps, que je lui donne du travail supplémentaire. Elle menace, si je continue, de lâcher son berger allemand sur moi. Je me sens diminué, humilié. Je suis tétanisé. Elle a un visage émacié, les cheveux déjà gris ramenés derrière sa nuque. Ses petits yeux austères palpitent dans le vide et sa voix haut-perchée piaffe nerveusement en émettant des sons galactiques. Elle est méchante. Je la crains.

J'ai peur. J'ai peur de tout. J'ai peur des autres, j'ai peur du noir. J'ai du mal à trouver le sommeil car je vois des ombres foncer sur moi, et quand je dors, je fais des cauchemars, alors je me réveille en sursaut, j'allume la lumière. Je reste vigilant jusqu'à ce que le sommeil m'endorme à nouveau.

Lors des repas, si ma chaise grince, si je lèche bruyamment ma cuillère à soupe, si je renverse mon verre d'eau sur la table ou s'il me prend un éclat de rire nerveux, tant l'atmosphère est pesante, elle s'agace. Je connais la sanction. Je suis immanquablement puni les soirs où sont retransmis les matchs de football. Elle m'arrache sauvagement le transistor de l'oreille. C'est le pire des sévices auxquels je suis confronté car ce sport que me fera découvrir mon oncle Georges en m'amenant avec lui au stade Jacques Robert du nom d'un ancien Maire de la ville, tué dans un duel en 1910, situé au lieu-dit « la Ferme », possède des vertus thérapeutiques. Il m'aide à sortir de ma vie monacale, de mon état mutique où je me confine pour oublier mon désarroi intérieur sur lequel je suis incapable de plaquer une explication.

Mon grand-père Eugène, heureusement, représente mon seul ilot de tendresse dans ce monde hostile, mais il n'élève pas la voix pour me protéger, par faiblesse ou par stratégie. Chaque jour que Dieu fait, immuablement, à 5 heures du matin, à l'heure où chantent les coqs, il entonne d'une voix de stentor, des chants en arabe et en hébreu, réveillant toute la famille qui rouspète. Je présume qu'il me venge. Bien calé au fond de mon lit, je jubile.

C'est un homme de petite taille, de forte corpulence, cheveux courts coiffés en brosse, le front large, le menton volontaire, l'air malicieux derrière ses lunettes blanches, faisant ressortir un nez busqué. Il attache une grande importance à sa présentation soignée à 4 épingles, avec sa chemise blanche sans faux plis, sa cravate au nœud impeccable, sa veste grise à carreaux tombant sur un pantalon à bretelles. Il arbore une superbe montre à gousset en argent massif avec sa chaînette argentée qu'il tire de sa main sûre, pour la faire émerger de la poche de son gilet. Quelle élégance dans l'attitude ! C'est une personnalité que l'on respecte en ville. Lorsque les gens le saluent, il ôte son chapeau comme dans les films d'époque. Je suis fier de me tenir auprès de lui. Nous avons coutume d'aller à pieds à la synagogue pour y célébrer le shabbat qui commence le vendredi soir après le coucher du soleil, et se termine le samedi soir, après l'apparition de trois étoiles dans le ciel. Nos places y sont réservées.

En chemin, tandis que je lui confiai mes difficultés à assimiler les conjugaisons, à partir d'un ensemble ordonné des formes que le verbe peut prendre en fonction du mode, du temps, de l'aspect et de la personne, il me rassura :

— Ne t'inquiète pas, je vais t'apprendre l'orthographe. C'est facile. Il faut que tu te souviennes d'une seule chose. Je vais te citer une phrase : la pomme que j'ai mangée. Si tu sais l'écrire sans oublier le *e* après le verbe, tu t'affranchiras de toutes les difficultés, tu n'auras même pas besoin d'ingurgiter toutes les règles et tu seras définitivement bon en français.

Mon oncle Georges est le fils de ma famille d'accueil. Comme c'est leur dernier enfant et de surcroit l'unique garçon, il a le statut d'enfant unique et donc de chouchou. Il polarise de fait toutes les attentions. Il en profite pour affirmer sa toute-puissance. Moi, je ne compte pas. Il est grand, svelte, mince, actif, d'apparence longiligne. Je ne le vois qu'aux repas, où, pris par ses pensées, sa parole est rare. Et quand il parle, ses phrases sont tranchantes comme des machettes qui tuent sur le coup. Je ne me risque pas à donner mon avis sur tel ou tel sujet. Encore faut-il que j'aie une opinion. Il est sérieux, distant. Il ne sourit jamais. Son visage ne montre aucune expression. À sa façon de se saisir de ses couverts et de s'en servir, je sais s'il est énervé, mécontent ou satisfait. L'écart d'âge entre nous, qui va du simple au double, est trop important. Je suis un adolescent timide, en proie au doute. Lui est un homme mûr, qui est déjà dans sa vie. Nous ne communiquons pas. Chacun est dans sa bulle. Heureusement il aime le football. Ce sera notre seul lien.

J'observe. Je suis donc plus réceptif aux êtres qui m'entourent. Je perce plus aisément leurs secrets à partir de mots ou bribes de phrases qu'ils expriment, grâce à mon aptitude à deviner les sentiments profonds qui s'y cachent. Cette impression se manifeste surtout auprès de personnes que j'aime et j'aime mon grand-père. Il me rassure. Lorsqu'il évoque les Dardanelles où il a fait la guerre, sans donner plus de détails, j'imagine alors ses conditions d'existence dans cette bataille appelée aussi la bataille de Gallipoli, du nom du passage obligé entre la mer Egée et la mer de Marmara lors de la Première Guerre mondiale qui opposa l'empire ottoman aux anglais. Je sens bien que ses pensées le ramènent comme le mot à la page blanche, à cette période où la mort était omniprésente, mais aussi aux scènes obscènes d'exécutions capitales auxquelles il était contraint d'assister en tant qu'officier public ministériel dans l'enceinte de la prison d'Orléansville dans les années 1957 afin de surveiller le bon déroulement de la procédure puis de l'enregistrer sur procès-verbal officiel.

Je ne retiens rien. Je manque de concentration. Les choses que j'ai faites la veille s'effacent au moment où je cherche à m'en souvenir. J'oublie même les tâches que je dois faire, l'instant d'après. Alors je les note sur un bout de papier que je ne retrouve presque jamais. J'ai peine à saisir le sens de ma vie, ma perception sensorielle s'emballe, zigzague entre tristesse et détresse, laisser-aller et rejet de tout. Il s'ensuit une perte de repères qui se traduit par une défaillance sur le plan de mon équilibre psychique et corporel. Je n'arrive plus à m'orienter dans l'espace.

Je suis un pantin désarticulé venant de nulle part. Je suis absent, mou, léthargique, passif. Tout se mélange dans ma tête, tout se confond. Seule ma mère, pour l'heure, me relie à ma vie d'avant. Je l'implore chaque nuit pour qu'elle vienne à mon secours, me protège, ressente mon désespoir. Poser ma joue sur son sein. Je veux qu'elle caresse ma nuque, qu'elle me serre fort dans ses bras, qu'elle m'étouffe de son amour. Je connais cette douceur maternelle ou ce sont juste des réminiscences d'une vie que j'invente peut-être. Je pleure mais je ne sais pas pourquoi je pleure.

Je n'ai plus le goût de vivre. Je ne m'intéresse à rien. J'habite le vide. J'évolue dans un espace éthéré, mystérieux, qui amortit les bruits, les paroles. Je n'ai pas l'impression d'avoir une existence humaine. J'usurpe une vie qui n'est plus d'origine. J'entends des sons, je perçois des intonations, mais c'est du bruitage, je distingue des silhouettes à l'heure où le jour se perd dans la nuit. Elles vont, viennent, passent devant moi sans me voir. Je construis un récit qui se nourrit d'abstractions.

Je ne supporte pas que l'on m'approche. Je ne veux pas que l'on me touche. J'ai une certaine hantise du contact avec le masculin. Ce genre humain me tétanise. Il dégage de grosses voix qui me déstabilisent, m'inspirent de la crainte, du danger.

Je me tiens toujours dans des zones de moindre éclairement possible, à l'extrême limite du noir total, là où les objets sont indistincts. Je recherche les réserves discrètes, les alcôves secrètes, les réduits obscurs.

J'ai trois centres d'intérêt : le football, la poésie et l'actualité politique à travers la révolution algérienne. Cette guerre de décolonisation est un sujet si sensible, que le gouvernement français en a minimisé le terme, pour n'en faire qu'un simple problème de maintien de l'ordre. Ils disent que ce sont des « événements », alors qu'il s'agit bien d'une guerre. Un événement c'est un fait qui survient inopinément tandis que la guerre, ce sont des morts, des blessés à vie, des espoirs brisés, des amours qui tournent à vide. Moi, Je n'ai pas peur. Je n'imagine pas ma propre mort puisque que je ne sais pas si je suis vivant.

L'on me répète inlassablement qu'il faut rester prudent sur le chemin qui va de l'appartement au collège et retour. C'est dangereux à cause des risques d'attentats. Aux premières teintes martiennes du crépuscule, j'aperçois par la fenêtre, à travers le voilage, des ombres se glisser à pas de sioux, entre les habitations. Elles ouvrent le bal des explosions au plastic. Je fais alors le pari que ça peut arriver dans notre immeuble, parce que c'est déjà arrivé : ce soir-là, à peine avais-je reculé de quelques pas, que la déflagration avait soufflé les vitres de l'appartement, lesquelles s'étaient éparpillées en mille copeaux dans un fracas assourdissant qui sont autant d'armes qui peuvent blesser, tuer.

Je suis un élève appliqué, sérieux, sage, discret en classe. Les résultats suivent. Je figure même au tableau d'honneur à l'issue de mon premier trimestre, mais mes grands-parents font la moue. Alors que j'attends des encouragements, ils me sermonnent :

— Ça ne suffit pas, tu dois faire mieux, tu travailles avant tout pour toi, pour ton avenir.

En fait, si j'aime de plus en plus apprendre, comprendre, c'est parce que je cherche instinctivement dans mes manuels scolaires, des réponses aux interrogations que mon subconscient me transmet.

Les jours se succèdent et le temps est long et lent. Je suis triste. Infiniment triste. Ma grand-mère Esther mc dit qu'elle s'inquiète de me voir si solitaire :

— Tous les garçons de ton âge ont des camarades, pourquoi tu n'en as pas, toi ?

J'élude son questionnement. Je n'ai pas de réponse. Sous mes apparences, gangrène un mal profond dont je ne sais définir la cause. Curieusement, j'aime ma souffrance. Je m'en nourris. Elle est mon amie. J'ignore l'origine de ce tourment qui m'étreint. Je suis bien trop jeune pour tout analyser.

Parfois j'ai des réactions bizarres qui échappent à mon contrôle. J'imite « *moumoune* », la chatte de la maison. Je m'agrippe aux armoires de l'appartement au-dessus desquelles je me tapis en boule. Et je reste là, tel un poète maudit, durant des « éternités ». Je veux que l'on m'oublie définitivement. Je me cache pour mourir, à l'instar de ces oiseaux qu'évoquera dans son roman, Colleen Mc Cullough en 1977, dans « Les oiseaux se cachent pour mourir ».

Je suis sujet à des crises d'automutilation. Ce sont des réactions impulsives. Je m'inflige des blessures comme ce soir-là où, pris d'un accès de démence, je boxe la fenêtre de la cuisine. Le sang gicle de mon poignet droit. Mon état nécessite d'urgence un traitement des plaies par la suture. Personne ne cherche la raison de ce geste. Personne ne se doute que je souffre.

Je me retrouve souvent seul à la maison lorsque je reviens du collège. Je suis traversé par des phobies irrationnelles : je crois entendre des bruits suspects de pas. Je crois ressentir une compression dans ma poitrine suite à une fuite de gaz, fictive. Alors, je m'échappe, je cours, je cours à travers la ville, terrifié, la respiration haletante.

Des cris caractéristiques aux mouvements de foule me signalent qu'il y a des émeutes alentours, opposant les partisans de l'Algérie algérienne à ceux défendant une Algérie française. Je me précipite sur les lieux. La police s'interpose pour éviter les affrontements au corps à corps. Les pierres volent à l'aveugle d'un camp à l'autre, occasionnant de graves blessures chez les manifestants. Des plaies ouvertes entaillent les visages, laissent échapper des coulées de sang. Les blessés se comptent par dizaines, sont extirpées d'urgence de la manifestation par des secouristes pour être acheminées vers les ambulances dans le hurlement des gyrophares.

Cette guerre, au fond, m'attire. Elle vient à ma rescousse pour me libérer d'un poids trop lourd à porter. Elle répond à mes propres pulsions morbides. Je transfère par la pensée, ma violence sur les émeutiers. Je les encourage intérieurement à porter la terreur dans le camp adverse, sans distinction de conviction.

Je prends goût à ces escapades. Ce jour-là, la place de la préfecture est noire de monde. Les gens applaudissent à tout rompre ou hurlent leur dépit à chaque parole prononcée par le

Général de Gaulle dont la voix ample, caverneuse, tragique, solennelle emploie les mots : *paix, Algérie algérienne, autodétermination.* Ma conscience politique s'éveille.

La vie a ses rythmes, entre tensions et relâchements, ralentis et accélérations ponctuées par des lignes droites, des rotations, des courants s'agitant dans tous les sens. La guerre d'Algérie veut son épilogue.

J'ai l'âge de décoder les informations qui passent en boucle à la radio. L'une d'entre-elles est déjà dans toutes les oreilles. Des putschistes représentés par les généraux, Salan, Challe, Jouhaud, Zeller, décrètent que l'Algérie restera française. L'espoir renait chez les pieds noirs. Vent de panique chez les musulmans. Le ciel est bas. Les rues sont désertes. Impression de fin du monde. Les magasins ont baissé leurs rideaux métalliques doublées de grilles. Les services publics sont fermés. Personne ne s'aventure dans les rues. Au bas des immeubles les militaires pointent leurs armes sur les gens agglutinés sur les terrasses, en les sommant de rentrer chez eux : *allez, déguerpissez, fissa, fissa !*

S'ajoutent ponctuellement les rugissements gutturaux qui montent des abîmes. Le tremblement de terre meurtrier du 16 septembre 1954 est encore dans toutes les mémoires. C'est une année que l'on ne peut oublier car elle correspond au début de la guerre d'Algérie. La ville fut détruite à 90 % faisant près de 15 000 morts et des milliers de blessés. Il se raconte encore que la terre s'était ouverte sous les pas des passants, les avaient gobés vivants puis s'était refermée sur eux, provoquant des scènes de panique dignes des plus grands Apocalypses. Mon oncle René avait heureusement trouvé un passage au milieu des décombres. Tout le monde suffoquait à cause de la poussière des pierres. Finalement tous l'avaient emprunté comme ils pouvaient. Il restait une dernière étape : descendre du 1er étage par une fenêtre restée ouverte à l'aide d'une échelle-escabeau. Mon grand-père Eugène, était si lourd qu'arrivé à mi-échelle, il chuta. Heureusement un pic de boucher le rattrapa par son pyjama. Ce fut un miracle que tous aient eu la vie sauve.

Mon année scolaire en 4ème est déjà bien engagée lorsque je quitte subitement la plaine du Chélif parce que mes parents me pressent de les retrouver en Kabylie. Ils me disent qu'il se passe des choses graves dans le pays. J'envisage tous les cas de figure. Je n'imagine pas cependant l'extrême gravité de la situation.

Le trajet est périlleux. Les trains sautent par intermittence sur des bombes. Ce jour-là, celui dans lequel j'avais pris place, s'était immobilisé durant des heures et l'on avait attendu patiemment que la voie se dégage car celui qui nous précédait venait d'exploser, finissant sa course dans un ravin en contrebas. Je distinguais nettement des corps abimés, encastrés dans la ferraille calcinée, des têtes arrachées encore sanguinolentes, des moignons de membres éparpillés à la ronde. C'était un spectacle banal. J'y étais habitué. De toutes façons, j'avais une idée abstraite de la mort. Pour moi c'était le passage d'un monde à l'autre et j'étais déjà dans cet autre monde.

Puis l'express Oran-Alger avait repris progressivement de la vitesse. La tête penchée hors-la fenêtre, laissant l'air s'engouffrer dans mes poumons, je regardais les oueds anémiques, les paysages asséchés, les sols arides. J'apercevais dans les champs, des fellahs, le corps courbé par la fatigue. J'étais aimanté par l'étrangeté poétique des stations : lieux d'itinérance servant d'un décor de théâtre absurde à l'exil, aux rencontres silencieuses, licencieuses, aux séparations définitives, aux adieux qui font mourir, pages de retour aussi vers la nostalgie qui fait du bien ou fait souffrir.

Ma grand-mère Esther est surprenante. Elle peut être dure, autoritaire, ignoble, détestable, mais elle peut aussi avoir des élans de tendresse auxquels je ne m'attends pas, lorsqu'elle pose ses mains sur mon ventre, pour calmer mon angoisse qu'elle devine sous mon air absent, durant les trajets ferroviaires.

Après une nuit passée à Alger chez des oncles, des tantes, l'on me raccompagne à la gare centrale où je prends seul, la micheline en direction de Tizi Ouzou. Cette ville tient son appellation de *Tizi* ou col de montagne et *Ouzou,* genêts. C'est la porte d'entrée de la kabylie. À l'époque ottomane la ville n'était qu'un simple village limité au nord par le massif de *Sidi Belloua* et au sud par un fort (ou bordj) qui abritait une garnison de janissaires ou soldats d'élite de l'infanterie. Il prit son essor à l'arrivée des français et devint ville coloniale après l'installation de quelques services publics, hôtels, écoles, bureaux de poste, lieux de culte tels l'église St Eustache et les mosquées traditionnelles, L*alla D'Mamiya* et *Lalla Saida.* L'explosion démographique postindépendance atteignit des proportions gigantesques.

Là, mon père m'attend. Nous déambulons dans la cité aux chemins de terre poussiéreuse, le temps que nous soit communiqué l'horaire officieux du convoi militaire dans lequel sera positionné « l'oiseau blanc » qui nous ramènera à notre village. En principe, il y a un convoi par jour. Parfois nous apprenons au tout dernier moment que la date est reportée. L'on se doute alors que l'armée française dispose de renseignements fiables quant à d'éventuelles préparatifs d'embuscades des fellaghas.

Les nuages se sont agrégés en bandes orageuses. Il règne une atmosphère singulière dans la cité berbère. Les cigognes, ces échassiers aux pattes longues et effilées, aux becs orangés, aux ailes déployées, ont fait leur apparition plus tôt que d'habitude, sur les minarets des mosquées, sur le toit des immeubles, sur les pylônes, signe qu'il y a de l'étrangeté dans l'air. À la gare routière, les voyageurs ont l'air soucieux. L'autobus est enfin affrété. Le convoi s'enfonce dans la montagne, se perd dans les innombrables lacets. J'ai des nausées. Je m'étais renseigné : il parait que c'est à cause du manque de synchronisation entre l'oreille interne et les yeux qui envoient des signaux contradictoires au cerveau. Je reste persuadé que c'est plutôt à cause de toutes ces odeurs mélangées de produits épicés qui montent de couffins des voyageurs. Des tirs sporadiques des maquisards postés sur les hauteurs nous prennent pour cible. C'est habituel. Nous longeons à présent le front de mer, signe que nous sommes presque arrivés. C'est le dernier virage. Nous dépassons la pépinière, abordons les derniers mètres avant de remonter la rue principale. Je suis assailli par une meute de copains venus m'accueillir. Dans l'effusion des retrouvailles, ils me posent toujours ces mêmes questions à propos de cette région du Chélif dont le nom vient du fleuve long de 733 kilomètres situé au nord-ouest du pays, qui prend sa source dans l'Atlas saharien et a son embouchure dans la mer méditerranée près de Mostaganem :

— Quelle est la mentalité des arabes, comment sont-ils habillés. Et le climat, est-il si différent ? Comment se comportent les enseignants ? Sont-ils sévères comme ici ?

Je ne sais pas. Je ne sais plus. Je suis devenu amnésique. Mon cerveau a tiré un trait sur ces trois années qui viennent de s'écouler. Je sais juste que je reviens de l'enfer.

La mémoire est espiègle. À notre insu, elle enregistre, conserve, encode des faits, des paroles, des situations auxquelles l'on a été confronté en tant que témoin ou acteur. Il est possible aussi que certains souvenirs se perdent, s'ils n'ont pas été sollicités depuis longtemps ou sous l'effet d'un choc qui les enterre définitivement. Ils peuvent cependant refaire surface, en totalité ou par fragments à des moments inattendus.

Port-Gueydon. J'habite depuis ma naissance dans cette agglomération côtière située à 70 km au nord-est de Tizi Ouzou. Du temps des romains, cette région kabyle s'appelait *Ruzasus*. C'était une base militaire très stratégique en raison de sa situation géographique, bordée au nord par la Méditerranée, au sud par des montagnes s'élevant à 500 m d'altitude et à l'est par la région de Bejaïa, qui fut au temps de la dynastie des Hammadides, une capitale qui marque son passage dans l'histoire de l'Algérie. La ville fut confiée vers le IIe siècle à un chef local, *Aurelius Rulasen ex prefectura*. L'origine de son nom car ce n'est ni amazigh, ni français, ni turc, ni arabe dialectale (darija) vient de l'arabe classique. Ce n'est autre que le mot en arabe « *Azziffoune* » qui veut dire « Musiciens » ou « qui joue d'un instrument musical ». En 1492 des mauresques arrivèrent dans cette région après la chute de Grenade en Andalousie, la plupart étaient musiciens, chanteurs, hommes de lettres. Leurs maisons étaient peintes en blanc. Les amazighs de la région furent très hospitaliers avec eux. Ils les aidèrent à s'installer. Ils les appelèrent « *Athundlouss* ». Leurs descendants sont restés.

Port-Gueydon en tant que village n'existait pas encore officiellement. Il n'y avait rien, juste des montagnes avec des villages nichés au fond des vallées ou juchés au sommet des collines. Un jour en 1807, un homme y débarqua. Il était de type européen. Il était juif. Il s'appelait Joseph Hadjadj. La légende dit qu'il venait de Dellys, longeait la côte sur un radeau de fortune qui s'échoua à cause de la tempête sur une plage sauvage. Des kabyles alertés par la nouvelle, inquiets de voir arriver un étranger, vinrent à sa rencontre pour l'empêcher de mettre pied à terre. L'étranger leur donna un peu de sel, une certaine quantité de sucre roux, du savon qu'il gardait en réserves sur son embarcation.

Les kabyles sont un peuple de l'accueil et de l'hospitalité. C'est dans leur culture. Après les premiers mots échangés, ils l'invitèrent chez eux pour se réchauffer, se restaurer. Ils lui proposèrent même de rester vivre auprès d'eux. Joseph se sentit si bien qu'il eut envie de s'y installer. Il construisit une maison. Ce fut la première maison jamais construite en cet endroit isolé entre mer et montagne. Puis d'autres habitations s'érigèrent. Joseph donna naissance à plusieurs enfants parmi lesquels Alexandre, David qui devinrent boulangers.

En 1830 les troupes françaises débarquèrent en Algérie. L'amiral Louis Henri comte de Gueydon, premier gouverneur d'Algérie sous la IIIème république donna son nom à ces quelques maisons disséminées ça-et-là. Suite à une grave insurrection, il mit en état de siège la plus grande partie des communes de la colonie et travailla énergiquement à la répression de la révolte. Assimilant les kabyles aux insurgés de la commune de Paris, il donna comme consigne : « *Agir comme à Paris : l'on juge et l'on désarme.* » Il travailla sur la future constitution de l'Algérie. Il attribua 100 000 hectares de terres aux immigrants d'Alsace Lorraine. Sur sa proposition, le président de la République Adolphe Thiers décréta le 16 octobre 1871 un nouveau mode d'attribution des terres stipulant que l'on pouvait devenir propriétaire dans ce pays en prenant l'engagement de résider pendant neuf ans sur la terre concédée.

Ce village surplombe la mer à partir d'une colline qui descend en perpendiculaire du mont Tamgout. Le port de pêche est la première infrastructure à y voir le jour après l'installation des premiers colons. S'ajouteront les rescapés des pogroms d'Europe centrale et ceux fuyant la dictature italienne, espagnole. Le Droit d'asile n'existe pas dans les textes, mais reste applicable de fait.

Les paysages sont magnifiques. Le soleil chatoie la mer et ses criques, rend belles ses vagues, lui donne ses échappées horizontales qui s'envolent dès qu'elles touchent l'horizon. Le parfum des oliviers entre par les narines sur un air de musique traditionnelle, *l'achewiq*, autrefois réservé aux femmes qui y exprimaient un sentiment de joie ou de deuil et dont le sens apparaissait au-delà des vers. Les pentes qui dévalent jusqu'au village, sont parsemées de roches, de peupliers, d'eucalyptus, de cyprès, de jardins attenant à des maisons posées dans la lumière, de marguerites, de chardons violets ou jaunes et même quelques coquelicots complices, qui discutent entre eux puis s'endorment quand la nuit les recouvre. Le village fourmille de ruelles baroques qui s'enchevêtrent ou se quittent, bordées d'échoppes de toutes dimensions où la palabre règne sur les affaires.

Mon village, c'est mon pays. C'est mon enfance. C'est mon langage. C'est mon identité. C'est mon ancrage. C'est mon histoire personnelle. Je suis kabyle et fier de l'être. Mon enfance est constituée de ce sable cristallin brûlé par le soleil, dont les grains soulevés par le sirocco, s'échappent vers le ciel en nuées naturellement chorégraphiées. Mon enfance, ce sont ces heures folles à courir avec Arezki sur la plage des caroubiers. Mon enfance, ce sont des états hérétiques de liberté à faire l'enfant-oiseau sur les toits des maisons recouvertes de tuiles en terre cuite, au risque de poser malencontreusement un pied sur l'une d'entre elles plus branlante que les autres. Mon enfance, ce sont ces moments d'extase à me rassasier de pain bourré de mie imbibée d'huile d'olive, à me délecter de corail d'oursins saupoudrés de beurre, de citron, à m'empiffrer de sardines argentées, à me régaler de *zlabias,* de *makroud* pataugeant dans leur miel, à m'enivrer de *halwa* en pâte de sésame. Mon enfance, ce sont des *furiosités* à dévaler en patin à roulettes, à la vitesse d'un champion, la rue principale en forte inclinaison, au risque de ne pouvoir stopper mon élan. Sinon, c'est l'accident comme ce jour où je tape frontalement dans un muret et me retrouve, groggy, la tête en sang, avec probablement un traumatisme crânien. Dans ce village du bout du monde, il n'y a pas de médecine des radiographies, des analyses. C'est la loi des hommes sauvages. L'on meurt vite en cas d'accident et si l'on ne meurt pas tout de suite, l'organisme se renforce et ça immunise contre toutes sortes de maladies.

La région fourmille d'artistes de grande renommée, parmi lesquels l'un des maîtres incontestés de la chanson Châabie, Boudjmaa El Ankis et surtout le poète romancier Tahar Djaout, assassiné sauvagement durant la décennie noire, par d'obscurs islamistes. Ses vers résonnent aujourd'hui pour l'éternité :

« Je suis l'oiseau au cœur qui bat, l'oiseau posé comme une plainte, sur l'arbre assailli de chasseurs. »

Certains atteignent très vite la notoriété. D'autres s'exilent vers Alger ou dans d'autres pays pour trouver le succès. Naître dans cette région crée les conditions pour devenir artiste. Ça tient probablement à la composition des particules qui flottent dans l'air, à la qualité du silence qui retient la parole, à la pensée qui crée le poème, à la pureté du ciel hispano arabe qui se branche directement aux forces spirituelles.

Le jeudi est jour de marché. Tous les habitants de douars alentours convergent vers le village pour faire leurs emplettes.

Mon père tient un bazar sur la rue principale. Chaussures, fromages, boites de conserves, tablettes de chocolat, valises, tapis, services à thés, pilons, dattes, cacahouètes et autres produits, remplissent pêlemêle, les étals. Des sacs de jute remplis à ras-bord d'orge, de farine, de caroubes, de blé, sont alignés le long du comptoir. Tout se vend, puisque tout s'achète. Il y a un monde fou dans le magasin. La clientèle se compose principalement d'indigènes mais aussi de militaires qui ont leurs demandes spécifiques en tapis, souvenirs de toutes sortes, destinés à leurs familles de France. Ils sont surtout demandeurs de cartes postales où apparaissent des femmes dénudées dans des postures suggestives. Curieusement, l'imam du village ne dit rien. La population ne s'en offusque pas. La vie s'écoule sans heurts.

Les jeunes filles kabyles sont connues pour leur beauté. Ce sont de véritables déesses mythiques promues de fait, gardiennes de la langue, des rites et des valeurs traditionnelles ancestrales. Mais il serait inconvenant de s'en approcher de peau à peau, de leur conter fleurette. Il faut faire preuve de retenue au niveau du comportement. C'est un pays où la religion musulmane met un voile sur toutes choses relatives au sexe. Outrepasser ces règles est *haram* c'est-à-dire interdit dans le coran.

Mon père a une spécialité qui fait sa réputation. Il prépare pour les jeunes filles qui rendent visite à leur future belle-mère à l'occasion de leur demande officielle de mariage, une sorte de coffret ou couffin contenant une savonnette de marque Palmolive ou Cadum, un peigne fin pour démêler les cheveux, du henné, une botte d'écorce de noix séchée, 3 mètres d'étoffe, une chaîne en argent, un foulard noir à dentelles. Mon père est aussi expert en préparation de médicaments comme le *djaoui* ou le *heutet*, qui préviennent toutes sortes de maladies. Il les verse avec minutie dans de petits cornets en papier gris.

Ma mère m'entraine tous les jeudis au hammam, héritage de la tradition ottomane, datant de la régence d'Alger. Je ne me fais pas prier pour l'accompagner. C'est un rendez-vous que je ne veux manquer sous aucun prétexte. Je dois avoir 10 ans. Je suis petit, chétif. Ça tombe bien. L'on ne me donne pas mon âge. Je tiens bien serrée sa main, pour que l'on me laisse passer. Je suis nu, entouré d'une escouade de femmes nues, alanguies sur un sol pierreux. Il y a des jouvencelles au corps fluet, des vieilles rombières décharnées aux ventres obèses. Je contemple leurs seins ronds, élancés, en cloche ou tombants, avachis. Certaines, les plus vicieuses, me serrent voluptueusement entre leurs jambes. Elles me caressent avec délicatesse de leurs mains douces. Mes sens sont en éveil. Je me laisse faire. Je m'abandonne. Je devrais réagir, m'offusquer, dire non, mais je me tais. Elles s'esclaffent dans la torpeur sensuelle à la vapeur humide. Leur répertoire en mots libertins est si riche qu'il semble provenir des harems d'Egypte. Hélas, la comédie ne pouvait s'éterniser car je grandissais à vue d'œil et ce qui devait arriver, arriva. Un jour l'employée d'accueil fit barrage. Tristesse, frustration !

Nos maîtres sont de véritables tyrans. Leurs méthodes sont cruelles. Je vais à l'école la peur au ventre. Si nous ne savons pas nos leçons ou même si nous hésitons avant de répondre, ils nous frappent violemment sur la pointe des doigts avec une règle en fer, jusqu'à ce que le sang perle. C'est barbare. J'use d'un stratagème : lorsque je ne suis pas sûr de moi ou si j'ai oublié d'apprendre ma leçon, je prends mes risques, je lève la main avec insistance pour être choisi, car je sais que mon enseignant va interroger d'abord les élèves silencieux. Ça marche quasiment à tous les coups. Mais quelle angoisse !

Car l'instituteur dispose de tous les pouvoirs. J'en fais un jour, l'amère expérience : je me tiens sagement en rang dans la cour de récréation, il fonce sur moi, furieux, les yeux exorbités, il me tire de la file et devant tous mes camarades médusés, il me gifle violemment. J'ai l'impression que ma tête se décroche. Il ne me donne pas d'explications. Je suis coupable de quoi ? Je ne sais pas. Je ne le saurai jamais. Je veux crier ma rage. Mais mon cri s'étouffe dans ma gorge. Humiliation ! Honte ! Injustice ! l'esprit de révolte vient de naître en moi.

Dans notre programme scolaire, il est indiqué que notre filiation remonte aux gaulois, selon l'expression *d'Ernest Lavisse* qui avait décidé sous la IIIème république que les manuels d'histoire indiqueraient qu'« autrefois, la France s'appelait la Gaule et ses habitants, les Gaulois », ce qui est grotesque car je sais que je suis issu d'une famille juive dont la branche maternelle est implantée en Algérie depuis de nombreuses générations tandis que la branche paternelle originaire d'Europe centrale y est venue s'installer vers la fin du XIXe siècle.

Mon grand-père David est un personnage atypique, généreux, bienveillant, à la moustache poivre et sel, épaisse et tombante, aux petits yeux malicieux, rieurs. Sa vie est une épopée : il nait en 1868, à Brest-Litovsk aujourd'hui Brest, en Biélorussie, tout près de la frontière polonaise, à 184 km exactement à l'est de Varsovie.

Dans le Grand-Duché de Lituanie qui englobait la Biélorussie, les premiers documents attestant l'installation des juifs, remontent au 24 juin 1388. Leur vie est paisible jusqu'en 1495, année où la plupart d'entre eux refusèrent la conversion au christianisme. Ils furent de ce fait expulsés du pays. Même si quelques années plus tard cette mesure s'était assouplie, le mal était fait. Au 15ème siècle, nombre de communautés juives de ce pays était placées sous l'administration polonaise. En 1791, quand se produisit l'incorporation de la Biélorussie dans l'empire russe, des zones de résidence spécifiques aux juifs furent créées. Dès lors, les pogroms décimèrent les juifs. Mourir ou partir

Il veut vivre. Il s'enfuit en Palestine où il devient activiste sioniste car il adhère pleinement aux idées du journaliste austro hongrois *Théodore Herzl,* initiateur du mouvement sioniste au congrès de Bâle en 1897 et auteur de *Der Judenstaat*[1]. Celui-ci fondera le Fonds pour l'implantation juive pour l'achat de terres en Palestine à l'empire ottoman et sera donc l'un des premiers à mettre en place l'idée d'un état autonome juif. Hélas, il mourra avant de connaitre la teneur de la déclaration Balfour en 1917 adressée à Lord Lionel Walter Rothschild éminence de la communauté juive britannique et financier du mouvement sioniste. Dans cette lettre ouverte, il l'informera que le gouvernement de sa majesté envisage favorablement l'établissement en Palestine d'un foyer national juif à condition qu'il ne porte pas atteinte aux collectivités non juives.

Le rabbin (hébreu רב, *Rav* en hébreu moderne, *Rov* ou *Rouv* en hébreu ashkénaze, est une personne dont l'érudition dans l'étude de la Torah lui permet de prendre des décisions ou rendre des jugements en matière de Loi juive. Rabbin signifie enseignant. Le rabbin fait le passage, la transmission. Il est reconnu par un groupe pour son érudition et pour sa capacité d'enseigner. Mon grand-père est érudit en la matière. Il a vent que l'on recherche un rabbin à Strasbourg. Il s'y rend mais le poste est déjà pris. Il apprend qu'au fin fond de l'Algérie, en Kabylie, dans un tout petit village au nom français

[1] L'Etat des Juifs.

de Port-Gueydon où vit une communauté importante de juifs, l'on réclame un rabbin. Après une halte à Dellys, ville de la sainte catholique Marcienne de Dellys, vierge et martyr qui combattit les idoles à l'époque romaine, où nait son premier fils Isaac, il décide d'y aller, accompagné de sa fiancée née Saïger Aya Malka, née à Kiev, en Ukraine en 1878, qu'il avait épousée en cours de voyage, à Marseille, et qui deviendra ma grand-mère,

L'on ne vit pas de religion. Ils commencent à vendre du fil et des aiguilles. Puis, à force de persévérance, de savoir-faire, ils créent un puis deux magasins, comme s'ils pensaient déjà à leur succession. Mon grand-père se sent en paix dans ce village kabyle dont il parle couramment la langue qu'il mixte avec le yiddish, mais tout le monde le comprend. Il assure les offices de prières. On l'appelle le *cheikhr*, eu égard à son rang religieux. C'est une marque de considération. Les chefs religieux sont respectés en Kabylie. À ce titre, il pratique la *sheihita*, c'est-à-dire l'abattage par jugulation qui rend l'animal propre à la consommation alimentaire, en coupant au moyen d'un couteau à lame de rasoir : trachée, œsophage, artères, carotides et veines jugulaires, suite à quoi, la bête abattue est suspendue la tête en bas de façon à qu'elle se vide de son sang. J'assiste même un jour, à un égorgement d'un bœuf pissant le sang qui gicle sur mes habits. Je n'aurai plus d'autres souvenirs de lui, hormis le jour de sa mort, où étendu à même le sol, il est recouvert d'un drap blanc, une bougie venant éclairer son visage.

Il est un havre arboré, sorte de jardin d'éden, que l'on nomme *la place du jet d'eau,* sis en contre-bas du village. C'est le rendez-vous incontournable des promeneurs qui viennent à toute heure de la journée s'y ressourcer. Au crépuscule, des couples enlacés dissimulés dans la pénombre guettent l'obscurité totale pour flirter. Il est juste midi, j'ai les mains posées à même le parapet, mes yeux photographient en mode panoramique, la mer. Soudain, j'aperçois au loin une colonne de fumée s'élever dans l'air. J'entends les gens autour de moi, crier :

— C'est la guerre, c'est la guerre !

Nous sommes en 1954, j'ai 7 ans. Je sors de ma torpeur enfantine. Je sais à présent que vivre c'est mourir.

La cruauté est un compagnon de route obligé des guerres. L'on vient d'assassiner un commerçant juif. C'est dans une ruelle sombre, en pleine journée, que le drame s'est joué. Toute la population du village est dehors pour s'indigner de tant de sauvagerie. Les kabyles vont voir un à un, les juifs :

— N'ayez crainte, c'est un accident, l'on ne comprend pas non plus.

Les juifs ont peur. Pourquoi un juif ! D'autant que tous ont été *approchés* par le Front de libération nationale pour financer leur mouvement, devenant de fait, des sympathisants naturels à leur cause. Ils ont probablement en mémoire les agissements zélés de l'état français qui sous la baguette du Maréchal Pétain, instaurateur d'une législation antisémite, ordonnait à ses policiers dès Août 1940, la chasse aux juifs de France.

Les juifs continuent malgré cet accroc, à ouvrir leurs magasins à des heures secrètes afin que des intermédiaires s'approvisionnent gratuitement en denrées alimentaires qu'ils acheminent vers les fellaghas positionnés en haute montagne. Je suis témoin d'une scène terrible : une estafette bleue pile devant notre magasin. Des gendarmes font éruption à l'intérieur de la boutique, en sortent avec mon père, menotté, jeté sans ménagement dans le véhicule, où se trouvaient d'autres juifs :

— Vous êtes en état d'arrestation.

Plus tard, je sus que son nom figurait sur une liste de donateurs, trouvée dans la poche d'un fellagha tué dans le maquis. Après un long séjour en prison, tous furent relâchés, sans avoir dit la vérité.

J'atteins ma majorité religieuse puisque j'ai 13 ans. L'on fête ma bar-Mitsvah. *Bar* signifiie « fils » et *Mitzvah* « bonne action ». Être Bar mitzvah veut donc dire pour les garçons « être en âge d'appliquer pleinement les commandements de Dieu ». Nous sommes dans l'arrière-salle d'une vieille boulangerie du village qui tient lieu de synagogue, où se répandent les effluves de pains, de pâtisseries, surtout les mokas fourrés à la crème de café dont le parfum m'enivre au point que je bafouille en récitant mes prières en hébreu, J'en dis d'autres de mémoire ou je les chante car c'est imposé. Je suis vêtu d'un pantalon gris pied-de poule avec des poches, d'une chemise toute blanche serrée au col par une cravate noire, j'ai des chaussures marrons impeccablement cirées. L'on me recouvre la tête d'un *talit* sorte de châle de prière, et l'on me pare de *Téfiline* ou *phylactères* en grec ancien, qui sont de petits boitiers cubiques contenant 4 passages bibliques et attachés au bras et à la tête par des lanières de cuir. Ce sont des objets de culte dont je n'ai jamais pu me séparer. Je peux dorénavant faire partie d'un *minian,* c'est-à-dire d'un quorum composé de 10 adultes, sans lesquels aucune cérémonie religieuse ne peut s'effectuer Mes parents me regardent avec fierté.

L'on me considère désormais comme un homme alors que je ne sais toujours pas lacer mes chaussures, signe d'une dyspraxie qui montre ma difficulté à réaliser certains gestes de la vie courante.

Au sortir de la cérémonie, mes parents invitent toute la population à fêter l'événement. Des caisses d'anisette et d'alcools divers volent au-dessus des têtes. Il y en a pour tout le monde. Et ça rigole et ça danse jusque dans les rues. L'on oublie la guerre, les religions des uns, des autres. Vive la fraternité.

Retour à la réalité. Les conditions de vie sont dégradantes au sein de la population indigène qui vit dans la peur, la misère, la faim, l'absence d'eau potable. Des zones de regroupement sont créées dans la montagne par l'armée pour priver le F.L.N[1] de l'appui de la population en matière d'aide logistique. Il s'ensuit des déplacements massifs de population privée de son bétail, de ses champs qu'elle ne peut plus cultiver. Elle est à la merci de l'administration française. Les conditions sanitaires se dégradent. Les carences alimentaires se développent. La mortalité infantile est exponentielle.

Les brimades envers les indigènes sont courantes. Chaque jour j'assiste à des scènes d'offenses insupportables de la part des officiers qui se croient tout puissants dans une Algérie qui ne leur appartient pas. Albert Memmi, écrivain juif né à Tunis et auteur du « Portrait du Colonisé et du Colonisateur », publié en 1957, disait : *« le colonialiste est le colonisateur qui s'accepte comme tel pour mieux cacher ses troubles de conscience. »*

---

[1] Front de Libération Nationale

Sur le terrain la vérité est tout autre : le regard du colonisateur est bien chargé de haine et de cruauté.

Les jeunes appelés, au retour d'opérations, racontent à voix basse, les massacres dont ils ont réchappé, avec moult détails macabres : égorgements, dépeçage des corps, ablation des sexes, décapitations, langues, oreilles sectionnées, yeux arrachés, nez et lèvres tranchées. Chaque jour, se succèdent, dans l'église du village, les messes aux défunts. J'attends à l'extérieur la sortie des cercueils tandis que résonne dans un silence lourd, la sonnerie aux morts. De toutes façons, j'ai une idée abstraite de la mort. Pour moi c'est le passage d'un monde à l'autre et je suis déjà dans cet autre monde.

Je croise ponctuellement dans le village des indigènes affreusement mutilés. Les fellaghas commettent ces atrocités envers leurs frères qui peuplent les montagnes, pour les prévenir que toute collusion avec les français, les condamnerait à une mort certaine. Ceux qui ont déjà parlé aux militaires, sont assassinés ou ont la langue coupée. Il est des scènes insoutenables auxquelles un enfant ne devrait assister : un homme jeune en treillis est exposé depuis l'aube sur la place du village. Son corps en état de décomposition avancée git à même le sol, sa tête ou ce qu'il en reste, toute violacée, posant à son chevet *C'est pour l'exemple,* plaisante, goguenard, un officier du 2ème REP ou régiment étranger parachutiste, en opérations en Kabylie.

Pour aller à l'école, je passe inévitablement devant la gendarmerie. J'entends des cris, des hurlements. Ils sont si puissants qu'ils traversent les murs. Je me bouche les oreilles. Personne ne m'explique que la France transgresse l'article 5 de la déclaration universelle des droits de l'Homme, qu'elle avait pourtant adoptée en 1789, et qui stipule que « nul ne sera soumis à la torture ou traitements cruels inhumains ou dégradants ». En remontant dans l'Histoire j'apprends que la torture avait déjà été abolie par Louis XVI sous ordonnance royale en 1780 puis confirmée en 1788. « *L'eau, l'estrapade, le feu les brodequins, n'étaient plus,* disait-il, *compatibles avec le siècle des lumières.* » Qui pouvait alors imaginer et surtout pas lui-même qu'il serait guillotiné en 1793.

Contrevenant à sa propre conscience morale, juridique et politique, la France pratique la torture en Algérie, laquelle est systématiquement utilisée depuis la 1ère insurrection de 1954. Celle-ci s'est même institutionnalisée comme arme de guerre par l'armée détentrice de tous les pouvoirs lors de la colonisation, notamment durant la campagne du général Bugeaud, maréchal de France et Gouverneur général de l'Algérie, né à Limoges le 15 octobre 1784 et mort à Paris le 10 juin 1849. Il déclarait dans ses accès de folie meurtrière : « *je brûlerai vos villages et vos moissons.* » François Mauriac avait alors comparé les tortionnaires aux bourreaux de Jésus Christ.

Le « téléphone arabe » est le précurseur des réseaux sociaux. Il faut se souvenir qu'à l'aube du XXe siècle, les colonisateurs européens installés en Afrique du Nord étaient impressionnés par la rapidité avec laquelle une information circulait entre les habitants et ceci de manière exclusivement orale. De là est née cette expression qui a ensuite dépassé les frontières du Maghreb. Certaines nouvelles qui se propagent sous cette forme, s'avèrent fausses ou vraies à l'issue d'un bouche-à oreille qui se répand comme trainée de poudre. Ainsi celle qui nous apprend que Pierre Messmer, ministre des armées du général de Gaulle est arrivé au village, est vraie. Je me dis que si une personnalité de cet acabit vient dans ce lieu retiré, isolé du monde moderne, hors de l'espace connu, véritable enclave préservée des évolutions occidentales, c'est que la guerre prend un tournant décisif.

Je me faufile dans la foule avec mon petit drapeau bleu-blanc-rouge pour l'apercevoir. Il se tient droit face aux militaires au garde à vous. Il est grand, sec, sérieux, il a les cheveux blancs, les rides creusées qui lui balafrent le visage, le regard concentré, lugubre. J'apprendrai plus tard dans les livres sérieux d'Historiens que sa présence avait pour but de faire connaître la décision du gouvernement français d'abandonner les harkis à leur triste sort

Le soir, le ciel s'engouffre dans les montagnes qui enserrent ma demeure, s'embrase sous les fusées éclairantes. Les armes crépitent. Les sirènes hurlent. C'est l'heure du couvre-feu. Je m'isole dans mon imaginaire. Mes yeux rampent sur les pages pour mieux lire à la bougie blafarde. Je ne sais d'où viennent ces livres, puisque mes parents ne lisent pas. Je les tiens chichement entre les mains : « les Frères Karamazov » de Fyodor Dostoïevski, dans lequel je fixe une phrase : *« Je triompherai de toute ma douleur juste pour pouvoir dire je suis »*, et « l'Idiot » du même auteur, dans lequel éclate de beauté la jeune Nastasia Philippovna Barachkoff, dont je tombe éperdument amoureux.

Mes parents évoquent parfois leur union. À cette époque, nombre de mariages se décidaient par rapport à des raisons objectives ou par calcul et non par passion. Ils font partie de cette catégorie. Ils se marient après quelques rencontres brèves arrangées par leurs familles respectives, pour faire connaissance puis ma mère, vient tout naturellement rejoindre mon père à l'âge de 23 ans, en Kabylie, où ils fondent une famille.

Dès lors, son sort est scellé. Elle tombe dans la gueule du loup, tant l'influence néfaste de sa belle-famille qui veut tout gérer, se mêler de tout, pèse sur le couple, au point que des scènes de disputes pourrissent le climat familial. À plusieurs reprises, j'arrive à temps pour lui ôter le couteau de cuisine dont elle veut se servir pour s'infliger la mort. Les enfants sont des êtres sans défense qui se sentent coupables face aux disputes de leurs parents, affectant leur développement cérébral et cognitif. Vivre ces situations en temps de guerre amplifie leur mal être.

Les causes de cette mésentente étaient sues de tous. D'abord ma mère avait un caractère fort, pour ne pas dire buté. Elle ne faisait pas semblant. Au lieu de faire preuve de diplomatie, ce que font la plupart des femmes qui viennent vivre dans la maison familiale de leur mari, et qui finissent par avoir tout ce qu'elles désirent, elle voulait protéger son espace de liberté où seuls compteraient son époux, ses enfants. Cette attitude devenait de fait, acte de rébellion. Les escarmouches se répétaient. Mon père subissait l'emprise de son frère aine Isaac influencé par son épouse qui ne voulait pas laisser échapper une once de son hégémonie.

Et puis, il y avait une autre raison, celle plus cachée, jamais révélée. Ma mère avait reçu sur la tête à l'âge de 20 ans, un coup de bâton asséné par un jeune arabe, alors qu'elle s'approchait de trop près d'une rixe, à une heure tardive. Cet incident la rendit sujette à des crises épileptiques répétitives et spectaculaires, occasionnant des pertes de connaissance pouvant survenir en tous lieux, à tout moment : convulsions avec tremblement de tous les membres, yeux révulsés, langue avalée que l'on faisait ressortir l'aide d'une cuillère. Aujourd'hui je m'interroge : le fœtus associe, dans le ventre de sa mère, sons, émotions, les mémorise. Avons-nous été impactés, nous enfants, durant la grossesse de notre mère, sur le plan de l'équilibre psychologique !

Son handicap ne lui permettait plus d'exercer son métier de grande couturière. Dans ce contexte, la belle famille s'était sentie flouée de ne pas l'avoir su avant le mariage. Elle ne cessait de dire à mon père : « *Ta femme ne sait pas faire à manger, viens chez nous, l'on va te préparer les petits plats que tu aimes, et puis, elle dépense trop, elle ne sait pas s'occuper de ses enfants.* » Un paroxysme fut atteint lorsque mon père, toujours sous influence alla voir tous les commerçants du village pour leur interdire de vendre toutes marchandises à ma mère. Le plan diabolique était enclenché : il fallait broyer coûte que coûte *la menteuse*.

L'Algérie est une terre propice aux malédictions ancestrales. L'on sait que les conséquences d'un mauvais sort vont d'un simple dérangement mental à la souffrance physique, entraînant la mort. Elles sont assimilées à de la magie noire : un jour, je contractai la maladie de la typhoïde à laquelle s'était ajoutée une insolation, le tout entrainant vomissements, douleurs musculaires, maux de tête, vertiges, diarrhées, Mon pronostic vital était engagé. La voix de ma tante Jeanne fredonnant des airs joyeux, me parvenait jusque dans mon lit d'agonie, tandis que je délirai à cause d'une fièvre dépassant le seuil de gravité extrême. Finalement, le médecin du village eut raison de mon infection bactérienne tandis qu'un ami kabyle se chargea de soigner mon insolation grâce à un remède ancestral : il prit un grand verre d'eau fraiche sur lequel il plaça un mouchoir en tissu plié en 9, maintenu par un élastique puis il le renversa sur ma tête, tout en murmurant une prière en kabyle, jusqu'à l'apparition de bulles qui montèrent à l'intérieur du verre, comme dans une coupe de champagne. J'échappai in-extrémis au trépas.

Il y a des moments où des événements dramatiques s'enchaînent et donnent l'impression qu'ils sont régis par une « loi des séries ». En temps de guerre, ces événements se succèdent dans un temps court. Une terrible nouvelle frappe notre famille. Mon oncle Isaac, vient de succomber à ses blessures suite à l'explosion d'une bombe artisanale accrochée à une bicyclette en gare de Tizi Ouzou, alors qu'il revenait sur ses pas pour s'assurer que son fils Charly avait bien pris la micheline qui l'emmènerait à Alger. Port-Gueydon est en deuil. Des milliers de personnes suivent en procession, le cercueil jusqu'au cimetière situé au-dessus du port. Les villageois sont atterrés : *« c'est la faute à la guerre. C'est la faute à pas de chance. »*

Ma mère attend son cinquième enfant. Cette fois, elle n'a pas fait de fausse couche. C'est une chance. La belle-famille, encore elle, avait tenu un conciliabule, au cours de son neuvième mois de grossesse. Farrugia, une amie de Jeanne, nous avait rapporté en toute discrétion qu'il était question de faire croire que le bébé était mort à sa naissance afin de le confier à une famille kabyle car disait-on, une bouche à nourrir en plus serait une charge trop lourde à supporter financièrement pour mon père. Le crime organisé fut dénoncé à temps. Finalement, Chantal vint au monde en pleine santé, un doigt levé en signe de victoire.

Toutes ces fausses-couches à répétition, ces avortements spontanés pratiqués en toute clandestinité, dans des conditions sanitaires catastrophiques à l'aide d'aiguilles à tricoter ou d'ustensiles parfois souillés, introduits dans l'utérus, provoquaient des saignements hémorragiques si abondants qu'ils avaient fini par gâcher non seulement la vie sexuelle de ma mère, mais sa vie toute entière. Elle se trouva à plusieurs reprises entre la vie et la mort. Il fallait alors l'acheminer d'urgence à l'hôpital de Tizi Ouzou, en hélicoptère Bell 47 capable de transporter les blessés civils et militaires sur des civières placées à l'extérieur et dont l'originalité résidait dans le train d'atterrissage à patins. Le pilote devait manœuvrer avec précision, en raison de sa faible vitesse de déplacement, pour éviter les tirs des fellaghas embusqués sur des pics de montagne. Je voyais s'élever ma mère à bord de cet oiseau de fer, la peur au ventre. Peur que le ciel ne me la rende pas.

La scène est surréaliste. Elle se déroule dans un patio attenant à la boulangerie des frères Taghlit. J'aperçois ma mère. Elle court. Elle pleure. Elle pleure en courant. Elle court en pleurant. Elle tient un bébé dans ses bras. Elle le serre fort contre son cœur. Il est emmitouflé dans une épaisse couverture. Mon père la suit. Il presse le pas. Ils disparaissent de mon champ de vision. Elle portait dans les bras un bébé mort-né qu'ils allaient enterrer au cimetière du village.

Tout va vite. Tout va trop vite. L'on ne m'explique rien. Je ne pose pas de questions non plus. Nous vivons à la mode musulmane qui accuse un manque flagrant de communication entre les générations.

Pour vaincre la peur, il y a le rire. Des fêtes impromptues animent le village. Au café Seneca situé en haut de la rue principale, des groupes de chanteurs musiciens se produisent régulièrement. Pris par l'ambiance, les gens deviennent hystériques. Ils dansent sur les tables. L'alcool coule à flots dans la fumée des cigarettes bastos, les rires gras étouffent les bruits de bottes et les tirs de mitraillettes dans le roulement infernal des half-tracks. Je prends conscience du pouvoir de séduction des artistes sur le public, leur rayonnement, leur charisme, leur capacité à fédérer une assemblée composite.

D'autres animations créent des attroupements. L'attraction phare, c'est le combat de coqs. C'est une discipline qui consiste à faire s'affronter deux coqs domestiques préparés aux combats sur une aire prévue. Les deux coqs suivent leur instinct, se battent jusqu'à la mort, leurs ergots étant parfois remplacés par des lames en acier. Les gens misent sur l'un ou l'autre coq. Il faut voir comme la foule crie, s'excite, exulte, à la moindre saignée. Parfois les 2 coqs s'effondrent quasi simultanément. Il n'y a alors plus de combat faute de combattants.

Les travailleurs algériens qui reviennent au pays durant leurs vacances font briller mes yeux en évoquant des monuments emblématiques de Paris : la tour Eiffel, qu'ils nomment en riant « la tour des fèves », l'Arc de triomphe, l'avenue des Champs-Elysées. Ils ne me disent pas leurs conditions de vie misérables dans des foyers sinistres.

En temps de guerre, les passions amoureuses sont fulgurantes. Je me tiens dans un angle mort dans la réserve du magasin. La scène d'amour entre ma mère et un militaire est tragique. Il la supplie de venir avec lui, car il doit embarquer pour la France. J'entends clairement sa voix qui lui dit qu'il l'attendra au port et qu'il lui donne dix minutes, montre en mains, pour faire sa valise. Je revois ma mère, corps tendu, les yeux rougis, déchirée entre rester ou partir. J'ai peur. J'ai peur qu'elle me laisse. Ça tourne dans ma tête. Il s'en va. Les secondes sont éternelles. Elle ne le rejoindra pas.

L'annonce de l'autodétermination signe définitivement le désengagement de la France en Algérie. La décolonisation est en marche. C'est sans retour. C'est tant mieux du point de vue de la justice des peuples. Les accords d'Evian viennent d'être signés. Personne ne croit en leur application. Nous espérons cependant que nous pourrons rester dans notre cher pays.

Le conflit se durcit. Des nouvelles nous parviennent d'Oran. C'est l'apocalypse. L'OAS[1], détruit les infrastructures du pays, pratiquant la politique de la terre brulée. En représailles à ces méthodes expéditives, des européens sont sauvagement massacrés. L'on dit même que des partisans de cette organisation brûlent les magasins juifs pour faire croire que ce sont les arabes qui commettent ces dégradations afin que ceux-ci les rejoignent dans leur lutte perdue d'avance. Il n'y a plus à hésiter, il faut fuir.

Et puis, des amis kabyles commencent à approcher mon père en lui disant que sa fille ainée âgée de 10 ans est très belle. Ils font des plaisanteries salaces à son sujet. Ils ont une arrière-pensée qui se devine. Autre raison pour partir vite.

Je surprends mes parents en train de chuchoter avec Mohand Adjmout le boucher dans l'arrière-boutique. Je comprends vite qu'ils veulent vendre leur magasin pour en retirer quelques subsides, plutôt que de tout abandonner sans contrepartie. Celui-ci leur fait une offre ridicule, au regard de la mine atterrée que font mes parents. La voix monte lorsque mon père exige qu'il paie en plus la marchandise qui remplit encore les étagères. L'acheteur est intraitable. Il s'y oppose. Mon père n'a pas le choix s'il veut conclure la transaction. La scène est cocasse et digne de figurer dans une pièce de théâtre de boulevard. Mohand met sur la table un grand mouchoir à carreaux blanc et bleu, au nœud bien serré qu'il dénoue lentement avec art et patience. Une liasse de billets en franc algérien, apparait. Moi je ne vois que ses mains de magicien, petites, trapues, habiles. À l'appui de sa proposition, il présente un contrat écrit de vente pour légaliser la transaction. Il pousse le ridicule jusqu'à affirmer que c'est juste un acompte, qu'il versera le

[1] Organisation de l'Armée Secrète

solde ultérieurement. Nous ne sommes pas dupes. Mais, comme dit le dicton, mieux vaut tenir que courir, d'autant que notre magasin est sous indivision qui nous place de fait, en situation d'illégalité juridique et nous interdit de vendre.

J'aime ma grand-mère de Kiev Elle a le front autoritaire, les cheveux blancs tirés en chignon, les yeux bleus-perçants, un visage ovale qui adoucit sa dureté. Elle a un sacré caractère, tient tête aux responsables civils et militaires du village, pour défendre les droits de sa famille. J'aime sa présence qui me rassure. Elle nous raconte en yiddish des histoires fantasmagoriques nourris aux mythes peuplés d'objets, de personnages à la fois réels et surnaturels qu'elle embarque au sein du même voyage dans l'imaginaire : une porte qui parle, geint quand elle est violemment claquée, un roi nu évoluant dans un shtetl et tenant tête aux puissants goyim, une princesse aux cheveux rouges gonflés par un vent glacial venu de Russie, un murmure tenant entre ses lèvres, une lune. Elle a toujours dans la poche de sa robe ample quelques morceaux de pain ou *broyt en yiddsih* à nous offrir. Elle nous chante des berceuses, sortes de mélodies sacrées du sommeil, aux sonorités tendres, au mouvement régulier, au rythme simple, qui s'ancrent dans notre mémoire d'enfant et constitueront notre bagage pour le développement de notre langage et notre sensibilité.

Le yiddish est une langue germanique dérivée du haut allemand avec un apport de vocabulaire hébreu et slave que l'on parlait dans les communautés juives ashkénazes d'Europe centrale et orientale à partir du moyen âge, aujourd'hui en voie de disparition depuis la Seconde Guerre mondiale. C'est une langue de la joie et de la nostalgie que l'on étudiait dans les études bibliques ou talmudiques. L'on me rapporta que lors de ma circoncision, à la place du verbe circoncire, ma grand-mère prononça : *yiddish n dos kind* qui veut dire *rendre juif* et peut se traduire par : *on ne nait pas juif, on le devient.*

Une légende dit que les animaux comme les enfants, sont très sensibles à l'imminence d'un danger tels des changements du champ électromagnétique qui précèdent une catastrophe ou une accélération du destin. Des indices concordants indiquent un départ sous quelques heures. J'ai la gorge serrée. Je n'ai pas envie de partir. Je veux rester dans mon village. J'y ai mes repères, mes habitudes. Je suis pris soudain d'une pulsion de tout photographier, afin de fixer à jamais : la rue principale avec ses magasins aux devantures bigarrées, les ruelles et ses traverses terreuses, sans issue, la salle des fêtes de mes premiers fous-rire cinématographiques en compagnie de Charlot et Laurel et Hardy, la place du village qui garde intact le souvenir de mon premier film en plein air, *le voleur de Bagdad* ou *l'histoire d'un gentil voleur qui tombe amoureux de la fille d'un calife,* mon école en préfabriqué aux odeurs de tableau noir suintant la poussière de craie, les petits ravins de mes glissades en carton sous un ciel bleu-Matisse, les jardins du presbytère tenus par de gentils pères blancs, où nous nous réunissions le mercredi à l'occasion des patronages, pour jouer aux gendarmes et aux voleurs.

À dire vrai, j'associe trop vite le qualificatif, *gentil*s à *pères blancs* car j'ai souvenance d'une scène où des gendarmes au regard inquisiteur, font éruption dans la cour de l'école pour enquêter auprès des élèves de toutes les classes pour savoir s'ils n'ont pas été victimes d'attouchements voire de viols dans le presbytère. Je ne figure pas dans le lot des élèves concernés. Mais c'est la 1ère fois que j'entends prononcer ce mot viol.

Je prends ma dernière photo : il s'agit du grand escalier qui monte vers les nuages mais avant, fait escale à notre petit appartement modeste avec toilettes sur le palier, tout en longueur, composé d'une grande cuisine avec sa table en formica recouverte d'une toile cirée rouge-vif, une première chambre où nous dormions tous ensemble. Avec les années plus la famille s'agrandissait, plus ça devenait invivable car nous allions être cinq enfants au total. Puis il y avait une deuxième chambre, celle des parents, dont la fenêtre donnait sur des touffes d'arbustes et de conifères qui s'appuyaient sur un versant à pic d'une colline. Lorsque le djebel s'embrasait, nous étions tous à la fenêtre, comme si nous allions assister à un feu d'artifice, alors nos parents nous sermonnaient pour nous obliger à éteindre la lumière car nous étions une cible. Je ne compte pas les balles perdues qui venaient malgré tout trouer le mur de la chambre.

Ah ce grand escalier ! S'il pouvait parler, il raconterait tant de souvenirs émouvants. C'est sur ces marches que je m'étais familiarisé avec les grands auteurs et que ma mère pleurait à gros sanglots lorsqu'elle subissait les affronts répétés de sa belle-famille. Je me blottissais alors tout contre elle en lui promettant que je la protègerais toute ma vie.

Je range précieusement la pellicule kodak archi pleine dans mon sac à dos. L'air est électrique. Nous empilons à la va-vite nos derniers effets dans nos malles, valises que nous parvenons à peine à fermer en montant dessus, à pieds joints. J'entends pour la première fois des jurons antisémites, sur mon passage, prononcées par des jeunes de mon âge comme *« sale juif » !* Je n'avais jamais fait l'objet de telles harangues, auparavant. Au désespoir de quitter notre terre, s'ajoutait l'impression que finalement nous avions toujours été rejetés et nous ne le savions pas. Double peine ! Il est trop tard pour leur dire que je me sens ici chez moi comme tout kabyle, que j'aurais pu être musulman, ça ne m'aurait pas dérangé. Et puis, à mon âge, je me sentais si loin du conflit israélo-palestinien. D'ailleurs, je n'en connaissais pas les enjeux ! Je ne pouvais comprendre cette haine aveugle accumulée chez les arabes depuis notamment la crise du canal de Suez qui avait opposé l'Egypte de Nasser à la coalition France – Angleterre – Israël en 1957 et qui avait semé les graines d'un racisme anti-juif virulent, lequel s'était répandu au fil du temps dans les esprits faibles nourris à la théorie du complot, en rupture avec l'esprit laïque français.

Je sus plus tard que le décret Crémieux attribuant d'office la citoyenneté française aux israélites indigènes d'Algérie le 24 octobre 1870, avait marqué le début d'une fracture douloureuse entre les français, les juifs et les musulmans. Voici le texte de ce décret :

B. n°8 – 109 – RÉPUBLIQUE FRANÇAISE N° 136. – DÉCRET qui déclare citoyens français les Israélites indigènes de l'Algérie. Du 24 Octobre 1870.
LE GOUVERNEMENT DE LA DÉFENSE NATIONALE DÈCRÈTE : Les Israélites indigènes des départements de l'Algérie sont déclarés citoyens français. En conséquence, leur statut réel et leur statut personnel seront, à compter de la promulgation du présent décret, réglés par la loi française, tous droits acquis jusqu'à ce jour restant inviolables. Toute disposition législative, tout sénatus-consulte, décret, règlement ou ordonnances contraires, sont abolis.

Le maréchal Pétain abrogea ce décret lors de la Deuxième Guerre mondiale, mais les juifs et les musulmans ne retrouvèrent plus cette belle entente qu'ils avaient entre eux, cette même façon de vivre, de se vêtir, de se parler. Lorsque ce décret fut remis en vigueur par le général de Gaulle après la libération, suivi des années plus tard de l'avènement de la création de l'état d'Israël, qu'ils affublèrent du nom arabe de *nabka* ou *catastrophe,* cette mésentente devint rupture. Je ne me doutais pas que pour eux j'étais ce sale juif, cet éternel paria dont il fallait profiter ou se méfier. J'en prenais conscience à ce moment douloureux de mon départ pour la France.

J'ai le cœur triste. Je laisse mon enfance, mes joies, ma terre, mon passé et déjà mes souvenirs. Et surtout j'abandonne ma bicyclette jaune-fluo que je venais juste d'acheter d'occasion. Quel crève-cœur ! C'était plus qu'une bicyclette, c'était un compagnon, un confident qui savait recueillir mes peines, mes joies, mes états d'âme. Elle savait tout de moi. À la moindre pression de mon pied sur la pédale, elle savait si j'étais d'humeur triste ou gaie. J'avais l'impression qu'elle pouvait m'emmener au bout du monde, franchir les territoires, les océans, voler jusqu'aux étoiles.

Tout se bouscule dans ma tête dans le crépuscule des ombres qui planent au-dessus de ma maison écrite en pierres et en fleurs où s'invitaient Arezki, Rachid, Ahmed, Dalila, Belkhacem.

Ma grand-mère de Kiev est en train de mourir. Elle ne reconnait plus personne. Elle est déjà dans un monde parallèle. Mon père me dit d'aller lui dire adieu : *c'est la dernière fois que tu la vois.* Je suis triste. J'entre à pas feutrés dans sa chambre située au rez-de-chaussée. Les volets restent clos pour mieux la protéger de la lumière, du bruit et des regards extérieurs. Je lui chante une dernière fois sa chanson préférée : « *si tu vas à Rio, n'oublie pas de monter là-haut* » de Dario Moréno. Nous passons un accord avec nos amies kabyles afin qu'elles nous remplacent en attendant que des membres de notre famille d'Alger viennent d'urgence à son chevet pour prendre le relais. Nous apprendrons sa mort trois mois plus tard. Mon père est effondré.

5 juillet 1962. J'assiste à la célébration officielle de l'indépendance algérienne dans la liesse populaire et les cris aigus et modulés des youyous des femmes. Je reconnais dans la foule, mon instituteur despotique, un pied sur la marche d'un camion roulant à vive allure, l'autre pied ballotant dans le vide, en train de vociférer sa joie. Des milliers d'algériens hystériques arraisonnent les véhicules, montent sur les capots, agitent leurs drapeaux, tandis que les traitres qui ont collaboré avec la France, parmi lesquels des harkis, sont recherchés puis identifiés puis jetés à la rue et tenus en laisse comme des chiens avant d'être emmenés, crânes rasés, vers une destination inconnue. Les commissaires politiques se chargent de cette sale besogne.

En Algérie, si l'on l'arrive dans un village ou si l'on en repart, il faut tenir sa langue. Si la nouvelle s'ébruite, c'est le risque d'être séquestrés, volés, lynchés, assassinés sur la route. Nous restons discrets sur nos intentions.

L'aube vient à peine de s'éclaircir avant le lever du soleil. Mes frères et sœurs dorment encore. Les poules et le coq, aussi. J'ai l'impression de participer à un carnaval dont Mircea Eliade vantait les valeurs cosmologiques dans son traité d'histoire des religions en affirmant que « *les peuples ont d'une manière profonde le besoin de se régénérer périodiquement en abolissant le temps.* » Nous brulons toutes nos traces de notre présence en terre Kabyle, préalablement ramenées en gros tas : papiers comportant nos noms, factures payées, surtout celles à devoir. Le brasier éjecte les dernières cendres fumantes qui volettent encore dans la cour, lorsque nous quittons en catimini notre village adoré. Mes frères et sœurs sont tirés du lit, habillés à la hâte, les yeux encore endormis.

Avec la complicité d'un voisin sur qui nous pouvions compter, nous nous engouffrons dans un pick-up de fortune dont le moteur cale, tousse au démarrage puis s'ébranle enfin tous feux éteints. En plus des valises et malles ma mère avait fait charger dans le véhicule quelques kilos de sucre. Quelle idée ridicule ! Elle avait aussi emporté toute sa vaisselle luxueuse qui lui avait été offerte lors de son mariage et dont elle ne voulait pas se séparer. Quelle naïveté ! quelle méconnaissance de la situation ! tout fut subtilisé évidemment en cours de route.

« Le pays natal est celui que l'on quitte, il est celui qui manque toujours », a écrit Rosie Pinhas Delpuech. À l'arrachement sentimental de quitter sa terre, son pays, sa maison, s'ajoute la perte d'objets symboliques qui avaient des choses à raconter, car chaque objet nous rappelle une période, une situation auxquelles nous restons attachés par le souvenir ou la valeur affective, participant de fait à notre cadre d'humanisation.

Nous sommes poursuivis à la sortie du village, par une meute de sangliers féroces. Mes frères et sœurs sont trop petits pour comprendre ce qui se passe. Nous étouffons dans cet habitacle minuscule. Le véhicule bringuebale à chaque virage. Soudain, mon père fait un geste brusque qui signifie que l'on doit se faire tout petit au fond du véhicule, pour ne pas nous faire voir du dehors, car il aperçoit au loin des hommes armés faisant sentinelle à un barrage. À ma grande surprise il sort de son veston, un révolver. *Tiens, tu portes une arme maintenant et depuis quand, sais-tu au moins t'en servir ?* Plus de peur que de mal. Finalement ces hommes nous disent de ralentir, car une voiture qui vient de nous précéder, vient d'être la cible d'une fusillade où personne n'a survécu. Puis nous longeons le versant nord du Djurdjura, chaine de montagnes appelé le

« *Adrar n Jerjer* », nous traversons à vive allure Fréha, Azazga, Tizi Ouzou. Nous arrivons enfin Alger.

Alger. Alger la blanche. Pour ne pas nous perdre dans la foule depuis le centre-ville jusqu'au port, ma mère nous avait alignés en file indienne, en nous attachant à une corde. De jeunes arabes soi-disant bienveillants s'étaient approchés de nous : *allez-vous restaurer, pendant ce temps nous surveillerons vos bagages*. Voyant mes parents hésiter, je pris le relais pour leur dire de déguerpir tant le piège paraissait évident.

18 septembre 1962. Il est exactement 17H. Nous embarquons enfin après une attente interminable sur l'El Mansour de l'exil qui s'enroule dans les vagues tumultueuses, glisse vers l'ailleurs que l'on appelle France. Le navire est plein à craquer. Nous faisons partie de la foule d'indigents répartis sur le pont. Il y règne une atmosphère de Vel d'hiv. Les bébés crient dans les bras de leurs mères qui n'ont même plus la force de leur chanter des berceuses. Les pères ont les yeux hagards, ils sont nerveux. Il y a des évanouissements parmi les passagers. Nous essayons de trouver le sommeil sur des chaises longues dispersées sur le pont. Je suis extrêmement fatigué. Depuis notre départ de notre village, nous n'avons eu aucun moment de répit. Tout s'était précipité en peu d'heures. Cet emballement des événements m'avait plongé dans un affaiblissement extrême car je m'étais donné la responsabilité de tout superviser durant le voyage, vu l'immaturité de mes parents.

Les drames surviennent parfois au cœur des accalmies : les éclairs zèbrent le ciel, la mer se contracte, puis se soulève, à rythmes réguliers. Des rafales de vent et de pluie mêlées, font tanguer le navire. La nature exprime notre colère. L'obscurité est totale. L'on se croirait, dérivant dans un tableau d'Anish Kappor, peintre de « *l'ultra noir* ». Je suis attiré par le vide, je me lève en titubant, je vais jusqu'au bastingage, je l'enjambe. Une main me retient. C'est celle de ma mère. Elle me sauve.

L'ÉXIL

Une femme. Un homme. Ils marchent, séparément. Ils ont quitté leur village et traversent le désert pour atteindre la mer. Qui sont-ils ? D'où viennent-ils ? Pourquoi sont-ils partis ?

Jeanne Benameur (L'exil n'a pas d'ombre)

La France. J'admire ce pays depuis qu'il figure dans notre programme scolaire. L'histoire et la géographie me passionnent : Paris, m'attire, me fascine, la Seine, la Loire et ses châteaux, les rois de France. Je sais les départements par cœur. Les reliefs, la géologie, le climat, sont aussi mes points d'éveil. J'aime sa littérature. Je suis subjugué par le style de François Villon le poète malfaiteur lorsque je découvre « la Ballade des Pendus ». Son premier vers est un chant : « *Oh frères humains* ». Je comprends tout de suite cette langue ancienne de la fin du moyen âge. Une époque m'impressionne plus que les autres : la révolution française qui met fin à la monarchie absolue, la remplaçant par une république qui proclame les droits de l'homme et du citoyen. Je suis sensible au mot « révolution ». Il dégage de l'engagement, de la révolte, de la passion, de la liberté, des idées nouvelles. Il crée en moi une effervescence qui me bouleverse. J'ai hâte de marcher sur cette terre rêvée de France.

Le bateau accoste après une nuit agitée à Port-Vendres. Mon père avait opté pour cette ville car il avait eu vent que Marseille était prise d'assaut par des milliers de pieds-noirs en colère. Le temps est sec. Les récoltes de maïs avaient souffert du manque d'eau dans la région. Les hôtesses de la croix rouge toutes pimpantes, montent à bord. Elles ont une douceur d'infirmières dans le sourire. Elles distribuent aux enfants, des bonbons. C'est gentil mais nous avons besoin d'autre chose. L'on ressent une forme d'humiliation.

J'avais écrit la veille, à la peinture blanche sur nos malles vertes « Ville d'Angoulême – Charentes, France » car nous devions y rejoindre des amis qui nous avaient précédés. Nous formulons à notre arrivée, notre souhait à un inspecteur chargé d'accueil :

— Je suis désolé, mais c'est nous qui fixons votre point de chute. Veuillez donc choisir votre future destination entre Rouen, Chartres ou Orléans.

Il a un regard froid, sans expression. Il me rappelle ces officiers français qui s'adressaient aux indigènes comme s'ils étaient des sous-hommes.

— Il reste quelques places dans nos centres d'hébergement de ces villes que je viens de vous citer, vous devez choisir immédiatement.

Mes parents hésitent et se tournent vers moi. Je m'entends dire Orléans pour sa similitude orthographique avec Orléansville.

Vivre ici plutôt qu'ailleurs, a son importance dans le cheminement d'une destinée. « *Nous croyons conduire le destin mais c'est lui qui nous mène* », disait Diderot. Qui m'a insufflé ce choix ? J'aurais pu dire Rouen ou Chartres. Mes parents auraient dû intervenir, c'était leur rôle. Quelles sont les incidences d'un tel choix sur nos vies à venir : scolaires, professionnelles, amoureuses ponctuées par des mariages, remariages, naissances.

Nous avons l'impression d'être en terre étrangère. Personne ne nous donne des informations sur cette région Centre – Val de Loire que nous devons rejoindre. Personne ne nous remet un manuel de la vie française. Personne ne nous prévient que les français sont hostiles à notre venue. Nous voyons bien dans leurs yeux étonnés, moqueurs, que nous sommes des intrus. C'est donc ça, la France !

Première incursion en terre métropolitaine. Notre carte de voyage prévoit une halte à Toulouse. Nous disposons d'un temps limité avant de poursuivre notre périple. Nous nous aventurons, mon père est moi, dans la rue Bayard, perpendiculaire à la gare centrale. Nous sommes impatients de voir à quoi ressemblent ces européens de France que l'on nommait en Algérie, *les roumis*. Ils sont plutôt bien habillés. Ils ont des têtes d'intellectuels. Ils ont l'air affairés. Les rues sont propres, larges. Ils marchent vite. Ils ne font pas de gestes avec les mains. Ils regardent droit devant eux. Ils ne sourient pas. Ils parlent peu. Ils ne crient pas quand ils parlent. Ils ont un drôle d'accent, les syllabes sont accentuées. Les sonorités sont douces. Puis nous revenons vite sur nos pas pour prendre place à bord d'un train de nuit en direction d'Orléans. Il emporte nos vies. Il nous éloigne encore plus de cette belle Algérie fraternelle, chaleureuse avec sa musique, sa langue, son humour, sa cuisine, ses danses, sa naïveté, sa moralité, son sens du respect pour les anciens, ses principes aussi. Visages plaqués contre la vitre embuée, nous fixons bêtement le paysage comme les vaches regardent un train. Le trajet est interminable. Nous sommes pris dans un engrenage, un cercle vicieux, une machine diabolique. Nous ne pouvons plus faire marche arrière.

Personne ne nous avait prévenus que pour rejoindre Orléans nous devions descendre à Orléans les Aubrais. Heureusement un contrôleur qui passait par là nous le confirma, nous criant qu'il fallait faire vite, car le train ne s'arrêterait que durant quelques minutes avant de filer vers Paris. Justement il commençait à ralentir. Panique à bord. Mon père sauta le premier sur le quai, puis mes 4 autres frères et sœurs et enfin ma mère qui fermait le banc, tandis que je faisais voltiger les bagages en un temps record.

Nous ne sommes pas au bout de nos peines. Dernière étape. Il faut encore prendre une navette pour gagner Orléans-centre. Il est minuit lorsque nous posons le pied sur le quai. Des agents d'accueil font les cent pas derrière un comptoir à ciel ouvert, bardé d'une banderole à l'intitulé ubuesque : *bureau des rapatriés,* car y a dans cette appellation les mots patrie mais aussi apatride, c'est-à-dire étranger sans statut. Ils ont l'apparence stricte, le regard narquois. Ils nous demandent nos papiers d'identité sur un ton martial. Nous avançons tels des somnambules, sans repères, dans un pays théorique, censé être le pays des droits de l'homme et du citoyen, pays d'asile, pays de culture et d'évolution, pays des grands esprits.

Un autobus nous attend face à la gare. Le chauffeur nous crie dessus car nous n'allons pas assez vite pour monter dedans. Nous ne pensons même pas à demander où nous allons. Ça ne nous intéresse pas. À travers la vitre nous voyons défiler des arbres à perte de vue. Nous sommes incapables de dire si le trajet a été court ou long, lorsque le véhicule stoppe. Nos yeux fatigués discernent une vieille et grande bâtisse éclairée par quelques réverbères qui diffusent une clarté jaunâtre : « La Riffaudière » est un ancien château datant du XVIIIe siècle situé dans la commune d'Ormes dans le quadrant nord-ouest du département du Loiret. Dormir, dormir. C'est notre seule obsession.

— Je suis Monsieur Sanchez, je suis rapatrié comme vous et responsable de l'établissement, je vais vous indiquer la salle où vous pourrez dormir.

Soixante-douze heures viennent de s'écouler depuis que nous avons quitté notre village.

Nous poussons la porte d'un dortoir qui ressemble à un hôpital de campagne. Nous distinguons dans l'obscurité une cinquantaine de personnes allongées dans une salle commune. La promiscuité y est indigne. Ça bouge, ça ronfle. Nous nous affalons tout-habillés dans des lits d'une place, alignés les uns à côté des autres. Dans mon sommeil, je crois entendre « *au viol !* » J'apprends au réveil qu'il s'agissait d'une agression sexuelle incestueuse entre un jeune garçon et sa sœur. Ma mère est au bord de l'épuisement. Elle est folle de rage :

— Nous voulons retourner chez nous en Algérie, là-bas nous étions bien, nous ne manquions de rien tandis qu'ici l'on nous traite comme des moins que rien, des pestiférés !

Je m'emmure dans un silence triste. Je sais que nous n'y pouvons rien et que notre réaction est un cri dans le désert.

Nous demeurons dans cette bastide isolée au milieu des champs de céréales à 3,5 kilomètres de marche de l'école primaire Jacques Prévert où mes frères et sœurs sont inscrits puis au terme de plusieurs semaines, nous dérivons de bourgade en bourgade au gré de logements de fortune que les services sociaux du département, nous assignent. Je me souviens plus particulièrement d'un village agricole appelé « Les Bordes », situé à 38 kilomètres d'Orléans. Nous habitons une maison glaciale, sans confort où il n'y a ni chauffage ni eau courante. Il faut aller tirer l'eau du puit qui se trouve à l'extérieur. Je découvre les toilettes dites sèches approvisionnées en sciures de bois. C'est un cauchemar. Nous sommes perdus, déphasés, jetés en pâture aux vents mauvais. *Il fait toujours froid dans ce "putain" de pays*. Je me suis procuré un vélo-solex qui me permet de découvrir la région alentours : Saint Benoît sur Loire, petite commune célèbre pour son abbaye romane bénédictine où j'apprends que ce fut là que Jeanne d'Arc fit sa triple donation au Dauphin Charles en 1429, puis Sully sur Loire, ville inscrite au patrimoine mondial de l'UNESCO, prisée par les touristes, pour son château au style Renaissance, son église Saint Germain, du XIe siècle, son pont en poutre enjambant la Loire. Nous déménageons à nouveau.

Nous habitons désormais Briare-le-canal qui se trouve dans le quadrant sud-est du département du Loiret Le nom que Briare s'est donné, « Briare-le-Canal », est un peu réducteur car Briare ne possède pas un, mais trois canaux. Dès 1605, cette ville accueille le chantier du « canal de Loyre en Seyne », futur canal de Briare qui sera ouvert totalement en 1642. En 1838, ce canal reçoit, juste à l'amont de son écluse de Baraban, le canal latéral à la Loire qui descend de Digoin. Notre logement est situé dans un quartier dit « sensible ». Je ferme les yeux pour ne pas voir la laideur de l'environnement. Je passe mon temps à flâner le long de la berge du canal pour oublier ma triste condition.

Dès que je me sens perdu dans un lieu que je ne connais pas, j'essaie systématiquement de savoir s'il y a une équipe de football dans les parages. Je m'étais bien renseigné. Il y avait une belle équipe d'amateurs à Gien. Je tombai des nues lorsque j'appris qu'elle était entraînée par l'allemand Reinhold Jackstell, joueur-entraîneur du GSO[1] en Algérie dont j'étais

[1] Groupe Sportif Orléansvillois

fervent supporter. Le football créait de fait, un pont entre l'Algérie et la France.

Gien s'appelait au moyen-âge, Giemus, puis Gien-le-vieux. C'est en l'an 760 que Pépin le Bref et son armée y avaient fait halte avant d'aller combattre les Aquitains et les Vascons. Elle devint ville industrielle grâce à sa faïencerie. Mon père y avait trouvé un travail précaire de magasinier dans une de ses nombreuses usines, qui lui donnait le droit de percevoir une subvention d'état dite subvention de reconversion. Cette subvention était octroyée aux anciens commerçants d'Algérie de nationalité française pour leur permettre de changer de filière professionnelle.

— Et pourquoi m'aimes-tu ? demanda de nouveau Albine.

Il sourit, ne répondit pas d'abord. Puis il dit :

— Je t'aime parce que tu es venue.

Emile Zola, dans « la Faute de l'Abbé Mouret » décrit parfaitement ce que je ressentais sur cette route qui m'emmenait vers le stade de football, après avoir croisé une jeune fille de mon âge. Elle était tout de rose vêtue, son petit haut soulevé par des seins laiteux, sa jupe culotte laissant apparaître de jolies jambes frêles et nues, elle était avenante, souriante. Nous étions chacun à bicyclette. Dépassant ma timidité, je l'abordai. Elle m'embrassa sans sommations sur la bouche. Ce fut mon premier baiser, mon premier égarement amoureux. C'était comme dans un rêve. Hélas, je ne la revis plus.

À peine sommes-nous accoutumés à un environnement, qu'il nous faut encore déménager tels des juifs errants, sauf que nous n'avons pas de terre promise dans notre horizon. Nous habitons cette fois Orléans, dans une maison réquisitionnée par la préfecture, dont les propriétaires sont si méfiants qu'ils frappent à notre porte sans prévenir pour l'inspecter par crainte de vols ou de dégradations. Ils procèdent à cette vérification en notre présence, ce qui est humiliant. Ils nous disent en outre que ce n'est pas normal que nous y habitions à titre gracieux quand de nombreux français ne sont pas encore relogés suite à la Deuxième Guerre mondiale.

C'en est fini de notre périple nomade. L'on nous case définitivement dans une cité H.L.M ou habitation à loyer modéré, située à une dizaine de kilomètres environ d'Orléans, fondée dans les années 1960, pour recevoir les émigrés d'Algérie et dont le nom « La source » vient de « bouillon » qui est une résurgence de la Loire. Les rumeurs alentours propagent l'idée selon laquelle les pieds noirs ont exploité les algériens, que ce sont de vulgaires colons et qu'ils méritent ce qui leur arrive. Les français nous disent aussi que c'est à cause de nous qu'ils ont perdu leurs fils dans une guerre qui n'a servi à rien. Ils disent même que le général de Gaulle est un grand Homme parce qu'il a obtenu la paix, alors que tout le monde sait qu'il a abandonné l'Algérie. La déclaration de Gaston Defferre, maire de Marseille passe mal : *« que les pieds noirs aillent se réadapter ailleurs ».*

Orléans est une ville inhospitalière à la mauvaise réputation puisque ses habitants sont appelés des chiens. Cette expression *« chiens d'Orléans »* serait née sous la plume de Nicolas Pâris, au XIIIe siècle. Durant la captivité de Saint Louis, des pastoureaux[1] arrivèrent à Orléans et trouvèrent querelles avec des étudiants de l'Université. Au cours de rixes, certains d'entre eux auraient été tués sans que les Orléanais n'interviennent, voire qu'ils en auraient même tiré une certaine satisfaction. D'autres préfèrent évoquer les Guerres de Cent ans et le siège d'Orléans au XVe siècle. Le terme de « chien » se

[1] Paysans qui prétendaient partir en croisade.

rapportant alors aux canons ou fusils des Orléanais. Les Anglais auraient ainsi parlé des « Chiens d'Orléans » pour qualifier les combattants de la ville. Au fil du temps, cette expression avait fini par illustrer le caractère austère et peu avenant d'une population réputée pour sa froideur. Pour bien comprendre cette mentalité, il faut savoir qu'Orléans est repliée sur son identité historique qui passe par l'épopée de Jeanne d'Arc, surnommée « la Pucelle » chef de guerre et sainte de l'église catholique, héroïne de l'affrontement séculaire contre les anglais.

C'est la rentrée. Je dois refaire ma 4ème puisque je ne l'avais pas achevée en Algérie. Je suis placé d'office en internat au lycée Benjamin Franklin. Je déambule dans une cour de récréation vaste comme un océan soulevé par la tempête. Je cherche des appuis, dans les yeux de mes camarades. Mais ils se détournent de moi. Dans ma classe, l'on me met de côté, l'on m'isole. À la cantine, l'on me prend à partie, l'on se moque de moi, l'on vole mes aliments dans mon assiette, l'on m'asperge de ketchup ou de moutarde. Je suis sans réaction. Je ne comprends pas cette sauvagerie. Mes camarades me traitent d'arabe à cause de mon accent, mes attitudes :

— Retourne chez toi, ici ce n'est pas ta place, retourne manger des bananes dans ton pays de sauvage, espèce de bougnoule !

Les communautés se regroupent, les minorités se cherchent dès lors qu'elles partagent une culture commune, une peine à partager. Dans cet esprit, je croise Gérard, élève interne lui aussi. Nous avons le même âge. Il vient d'Oran. Nous tenons de longues conversations. Il disparait du jour au lendemain. Je m'en inquiète auprès du directeur de l'établissement. Il me dit qu'il a quitté le collège, sans prévenir. Je n'ai plus personne à qui parler.

L'été indien n'a pas duré. L'hiver est là. Décembre plie sous des averses de neige. Le thermomètre affiche –18 degrés. Un froid polaire déferle sur l'Europe. Les gelées sont permanentes. C'est l'hiver le plus froid du XXe siècle. Notre professeur d'éducation physique nous fait courir dans la cour, en short. Les métropolitains ont l'habitude de ces hivers rigoureux. Pour moi, c'est une torture. Je le supplie du regard afin qu'il abrège ma souffrance. Je n'oublierai jamais son regard sadique, son rire moqueur qui montrent sa haine des gens venus d'Afrique du Nord.

Heureusement je me réfugie dans les textes littéraires. « *La peur des autres fait que l'on se réfugie dans les livres »,* disait Jean Genêt. Ils m'ouvrent au monde de la pensée. Je lis les livres que mes professeurs m'indiquent en classe et ceux que je choisis spontanément tel « Métamorphose » de Kafka. Mon surveillant d'études, un grand blond aux yeux bleus vitreux, s'étonne que je me saisisse d'un auteur difficile pour mon âge. Je ne m'en rendais pas compte. Au fil des pages, je m'identifie à Grégor, le personnage central du livre, l'enfant chéri de sa famille lequel se transforme subitement en vermine monstrueuse mais ne le sait pas. Il pense toujours en humain, reste attaché à ses êtres chers avec qui il tente de communiquer, leur dire son amour, toujours intact, mais ceux-ci le fuient et essaient de s'en débarrasser tant il n'est plus reconnaissable. Il ne comprend pas. Il se sent renié par sa famille, il meurt affamé, épuisé, déprimé.

Je m'immerge dans l'œuvre de Charles Péguy, natif d'Orléans. J'étais peut-être assis sur les mêmes bancs où il a étudié, réfléchi, écrit des poèmes, qui sait ! Cette pensée m'enthousiasme. Poète libertaire mystique aux vers fabuleux contenus dans « la Tapisserie de Notre Dame » qui prend parti dans l'affaire Dreyfus, lorsque celui-ci est vilipendé, destitué, il aura le courage de se révolter contre l'antisémitisme. Je découvre aussi « le Grand Meaulnes » dont l'histoire d'amour romantique se situe en Sologne, région limitrophe. Je découvre surtout que des poèmes peuvent être dits sur scène car notre professeur de lettres a l'idée géniale de nous emmener un soir, au théâtre. Sur l'estrade, Jean-Marc Tennberg hypnotise tous les regards. Il y a une forte affluence dans la salle. L'attention des spectateurs est à son comble. Le ton, la voix, la majesté de certaines de ses poses lorsqu'il dit Racine, Molière, Hugo, Prévert et autres auteurs fabuleux du répertoire français, sa façon de marcher, altière ou humble, en fonction du poème, le rythme qu'il emploie, cadencé, primesautier, alangui, me saisissent, me bouleversent.

Mon rapport à la langue française est dès lors, plus intense, plus charnel. Et surtout, je comprends vite que je tiens là, ma chance Je prends conscience que c'est une arme dont je dois me servir dorénavant pour évoluer, me faire respecter dans ce pays où l'on me rejette, me bafoue.

PORTRAITS DE FAMILLE

Familles, je vous hais ! Foyers clos ; portes refermées ; possessions jalouses du bonheur.

André Gide, (les Nourritures terrestres)

J'espace mes visites chez mes parents. Je préfère rester des week-ends entiers au lycée. C'est calme. La vie y est monacale. Pas de cris, ni de disputes. Dans cette famille dont je me distance, c'est trop la *hala*. Et puis, je déteste les voir dans cette misère sociale. Ils portent la douleur du déracinement. Ils n'ont plus d'énergie. Je crains que ça ne freine mon évolution.

Ma mère a repris le pouvoir en chef de smala. C'est un personnage haut en couleur au visage typé-oriental, au regard noir dès qu'elle se met en colère. Elle a un tic : elle coiffe sans cesse avec ses doigts, une mèche rebelle qui s'égare de sa chevelure. Elle a gardé ses accoutrements vestimentaires arabes. Elle se maquille à outrance. Elle joue maintenant les conseillères conjugales auprès des jeunes filles maghrébines de la cité. Elle est envahissante, a une fâcheuse manie à se mêler de tout. Ça m'insupporte. Elle est entière, veut toujours avoir raison. « *Tu n'as pas le droit de me juger* », me dit-elle en permanence lorsque je lui fais des remarques. Elle est contradictoire Elle peut avoir des attitudes de grande dame et être vulgaire l'instant d'après dans ses postures ou à travers son vocabulaire Nos caractères s'opposent. Elle ne cherche pas à évoluer. Elle me fait honte. Le fossé entre nous devient béant. Elle extériorise sans réfléchir ses sentiments, elle dit tout ce qu'elle pense sans tamis. Elle est égocentrique, extravertie, exubérante, autoritaire, parle fort, crie, fait du bruit, râle, gesticule, injurie en arabe, brasse de l'air, peut-être pour éluder son désarroi. Elle est experte en chantage émotionnel, en ce sens qu'elle a mis en place un comportement spécifique pour me pousser à penser, ressentir, agir sans m'en rendre compte, de la manière dont elle le souhaite. Elle a même recours à la victimisation, arguant de ses blessures morales, de sa vie difficile, pour que je lui donne raison sur toutes choses. Elle a gagné sa liberté de parole, de mouvement. Elle se sent soulagée de n'avoir plus de contacts avec sa belle-famille qui l'opprimait en Algérie.

Je me crois atteint de dysmorphophobie car ma mère ne cesse de me dire que mon pénis est trop petit. Ça me complexe. Elle le répète depuis l'enfance. C'est sa façon perverse de m'empêcher de grandir, pour me materner davantage. Je suis son chouchou, sa chose. En même temps, elle me flatte, dit que je suis le plus beau, le plus intelligent, et pour cause, je passe pour le *sachant* de la famille, j'effectue toutes les tâches administratives et surtout j'ai des aspirations artistiques. Elle est fière de moi, fière de la réussite qu'elle imagine pour moi, alors que je n'ai encore rien produit dans ce domaine. C'est exagéré. Ça me met la pression. À chaque fois qu'il y a des invités à la maison, elle insiste pour que je chante mes chansons mièvres que je viens juste de composer. L'on m'applaudit du bout des doigts, mais je sens que tous me trouvent nul et ils ont raison. Leur mauvais jugement me suivra tout au long de mon itinéraire. Aux repas, elle me sert toujours avant les autres, me donne les meilleurs parts. Je n'ai pas la présence d'esprit de lui dire qu'elle cause de la peine à mes frères et sœurs. Au fond, je l'aime mais je dois la fuir.

Mon père a les cheveux noir-ébène ramenés en arrière, de grands yeux bleus-polonais derrière des lunettes à grosses montures d'avocat, un menton à la Rostropovitch. Il est effacé. Il souffre. Il se laisse mourir. Son magasin, la Kabylie c'étaient toute sa vie. Il se traîne de pièce en pièce dans l'appartement qu'il compare à une prison. L'ennui le ronge. Assis sur sa chaise-mirador qui cogne la fenêtre de la cuisine, il scrute la rue, les yeux dans le vide. Il mange des pommes. Il ne fait que manger des pommes et plus il mange des pommes plus il s'étrangle. Il tousse, s'étouffe mais il continue à manger des pommes. C'est son seul plaisir. Il ne parle pas. Il ne s'intéresse à rien, sauf à l'actualité politique surtout celle qui traite du conflit Israélo-palestinien. Il dort. Il dort pour tout oublier, entre deux séjours en hôpital psychiatrique ponctués par des séances d'électrochocs et cures de sommeil. Les médicaments l'achèvent. Il ne peut s'habituer à cette France qui le rejette. Je n'ai pas l'exemple d'un père qui se bat, qui fonce, qui crée. Je n'ai pas de guide. Il ne m'indique pas le chemin à suivre.

L'éloignement crée l'oubli. Avec mon frère et mes sœurs, plus jeunes que moi, nous n'avons plus grand-chose à nous dire. La différence d'âge se manifeste dans les conversations qui restent superficielles. L'on dit des bêtises pour meubler le temps ou pour nous disputer pour des peccadilles. Il est difficile de pointer une date de démarrage de nos jalousies interpersonnelles. Chacun trouve motif à ses rancunes, ses rivalités, les amplifie, les interprète. De nombreuses raisons peuvent l'expliquer, comme celle ressentie notamment quand un enfant a l'impression d'être moins aimé que les autres, ou qu'il réussit moins bien. Il faut tenir compte aussi du caractère particulier de chacun. Et puis une fille et un garçon n'ont pas les mêmes traits distinctifs, les mêmes attentes, les mêmes motivations. Nos parents ne savent pas déminer l'atmosphère. L'ambiance est sous tension. Le cercle familial se distend.

Il n'y a pas de véritable fraternité entre nous. Chacun est dans son couloir. L'individualisme est une caractéristique de notre famille. L'on s'épie, l'on se compare, l'on se fait des reproches.

Serge est sanguin, ambitieux, matérialiste, complexé, craintif. L'argent sert sa quête de valorisation. Il lui donne un sentiment de sécurité, de protection, de super puissance, de pouvoir sur l'autre qui a moins que lui. Il a cette attitude prétentieuse vis-à-vis de moi. Je ne trouve pas les mots pour lui expliquer que je ne suis pas axé sur le matériel, ni attiré par le tout sécuritaire. Il cherche à me faire venir sur son terrain de jeux, pour mieux entretenir ce rapport de forces, qu'il instaure pour assurer puis étendre sa domination. Mais il faut remonter à la source de son enfance pour le comprendre : Serge cachait sous sa nature impulsive, une souffrance dont il ne parlait pas. Il n'avait trouvé l'usage de la parole qu'à 5 ans, puis à l'école primaire, il avait été maltraité par son instituteur français, un type abject qui s'en prenait aux élèves qui avaient des difficultés à suivre ses cours. Il en avait fait son martyr. Il lui assénait des coups violents sur la tête avec ses mains baguées à tous les doigts. Ce type était fou, dangereux. Il aurait eu sa place dans les rangs de la Wehrmacht. Heureusement, ma grand-mère de Kiev, était allé le trouver afin qu'il cessât une bonne fois pour toutes, son acharnement. II ne faut jamais tenter de tenir tête à ces femmes restées rebelles d'Ukraine.

Joëlle gravite dans le milieu du style et de la mode. Elle exhibe son apparence comme l'on arbore une revanche : « *vous voyez comme j'ai réussi, alors que vous, vous êtes encore dans l'indigence.* » Elle lève les yeux au ciel lorsque je lui dis que «*je rejette la société, je ne suis pas matérialiste, ma richesse c'est la poésie, que j'ai un idéal.* » Elle a l'air de respecter mon choix mais c'est de pure forme. Elle pense sûrement que je prends la mauvaise direction. Du haut de sa suffisance, elle me toise d'un sourire à double-tiroirs, qui révèle son opinion. Nous ne vivons pas dans le même monde. Mais, son comportement se justifiait à la lecture de circonstances qui lui étaient personnelles. Nous revenions depuis peu d'Algérie, elle avait à peine 15 ans lorsqu'elle eut une liaison avec un jeune garçon de son âge qui la mit enceinte. Ma mère baignant encore dans la culture judéo-arabe eut une réaction disproportionnée. Au lieu d'essayer de lui parler, de la comprendre, elle eut des mots violents, des gestes destructeurs. Elle fut envahie par la colère, la honte. Suite à ce déferlement d'incompréhensions, ma sœur alla vivre aussitôt dans la famille de son élu de cœur. Le pardon ne change pas le passé mais il engage un espace de reconstruction chez l'individu qui a été offensé. Sur mon incitation, ma mère, trop tardivement, consentit à lui faire ses excuses, mais il était trop tard. Le fossé s'était irrémédiablement creusé.

Martine se cherche. Elle s'isole dans sa souffrance. Elle se construit dans la solitude. La poésie est son idéal, mais elle n'a pas la force mentale de se battre. Elle développe des troubles psychologiques qui la déconnectent du monde réel. Elle a recours à une médicamentation lourde qui l'ensuque et la rend dépendante.

Chantal est la plus jeune. Elle est vive, ambitieuse, réactive voire impulsive. Vingt ans au moins nous séparent. Nous ne partageons rien, ce qui n'est pas un frein à nos échanges, quand ils surviennent de loin en loin.

L'ESPOIR

Dans toutes les larmes s'attardent un espoir

Simone De Beauvoir

Nous avons la vie de tous les réfugiés du monde. Dans cette cité-ghetto, où se concentrent les pauvres, les immeubles s'élèvent en blocs similaires, les logements sont assemblés en cubes, empilés les uns sur les autres. Des allusions sur notre appartenance à la religion juive se glissent subrepticement dans les conversations de voisinage. De jeunes maghrébins glissent des papiers enflammes sous notre porte après l'avoir placardée de croix gammées, arrachant au passage la mezouza, signe religieux apposé au chambranle de l'entrée. Il faut s'en aller. Mais ce n'est pas possible tout de suite, vu notre situation précaire.

Je cherche ma respiration. Je griffonne des poèmes. Je me confie à la page blanche. La poésie pour rester vivant. Le reste n'est que brouhahas, vide, postures, impostures, indifférences, détestations, malheurs.

Dans la cour de récréation, certains camarades de ma classe jouent au football avec des morceaux de pain qu'ils subtilisent à la cantine. Je laisse une Algérie dévastée par la guerre et la famine. Beaucoup sont morts à cause des privations. Ma pensée se souvient d'Arezki, mon ami d'enfance, à qui ma mère donnait le sein pour qu'il puisse survivre.

Il règne au sein de l'établissement une agitation permanente, une certaine violence entre les élèves. Ils se parlent mal, se disputent sans cesse. Il y a de nombreuses altercations dans la cour pour des motifs futiles. Je ne comprends pas cette brutalité ambiante dans un pays en paix. Pire, ils saccagent la langue française, la sabotent, la dégradent, la déclassent, la dévalorisent, l'affaiblissent. Dans leur bouche, elle devient argotique, familière, vulgaire, surtout quand ils la panachent avec leurs patois régionaux. Ça devient un aggloméré de galimatias phoniques qui s'éloigne de cette langue sensible, romantique, intellectuelle, incisive percutante que j'aime. Car j'aime les mots. J'aime profondément les mots, j'aime viscéralement les mots. J'aime ce qu'ils suggèrent. Ils soulèvent en moi des espaces de liberté. Ils me font voyager, respirer. Ils dopent ma capacité intuitive. Il y a certains mots que je prononce avec jouissance : *malaisé, saugrenu, aquilin, badin, primesautier, limitrophe, esquisse, individu.* Chaque mot m'inspire un voyage, une idée, un élan. J'ai toujours su que je pouvais devenir écrivain, pour transmettre ce que je ressentais, écrivain de la lumière, écrivain d'un langage épuré, limpide, essayiste, fait de mots sans liens entre eux, ce qui n'est pas évident, un langage invitant à la résonance spirituelle, un langage qui ne dit pas mais qui veut dire, où se coulent l'Ailleurs et la progression, l'entre-lac et la saveur de la pomme fraîche, la colline d'argile et l'orage au-dessus du vent des montagnes, mais cela prend du temps, cela prend du temps. Il faut que je sois patient.

Elles sont belles les filles de mon lycée. Je découvre le monde de la féminité. Elles sont avenantes, affriolantes, douces, évoluées, rusées, superficielles, rieuses, frivoles, personnelles, capables cependant de répondre durement à une allusion malheureuse, ambigüe, un geste déplacé, signant là un esprit d'indépendance qui m'étonne. Ce qui me frappe le plus c'est lorsque les filles et les garçons se retrouvent, et qu'ils se font spontanément des bises. Je ne suis pas habitué à ça. J'ai une réaction de recul lorsque l'une d'entre elles s'avance vers moi. Je réagis encore comme un sauvage. Ma réaction les surprend. Je suis encore arriéré. Je rougis à chaque fois qu'elles me regardent. Et pourtant, elles me rassurent, j'aime leur compagnie. Je reste étonné devant leur modernité, leur désir de liberté.

J'ai la ferme intention de suivre, à l'issue de ma classe de 3ème, un cursus littéraire car j'excelle en français. D'ailleurs, mes camarades de classe commencent à me regarder admirativement. Je prends conscience du pouvoir des mots. J'ai une bonne moyenne dans les autres matières. Il ne peut donc y avoir empêchement. Mais au dernier conseil de classe, les professeurs m'identifient comme un jeune qui ne réussira pas, malgré mon parcours scolaire plus qu'acceptable. En filigrane, il y a l'impact négatif de mon milieu familial et de la cité difficile où nous vivons. Bien sûr, ils n'en disent mot. C'est tabou. Ils m'orientent arbitrairement vers un enseignement technologique. C'est injuste. Mes parents ne font pas appel.

Je m'ennuie. Les matières enseignées sont insipides, je déteste les chiffres, la comptabilité, la gestion, la mécanographie, le classement, le dessin industriel. Je me dis que ça ne sert à rien, que ce n'est pas fait pour moi. J'étouffe. Je garde cependant une attitude polie, surtout pour avoir la paix.

Les premières festivités johanniques auxquelles j'assiste, mettent de la gaité dans mon cœur, les filles arborent leurs minijupes et leurs chemisiers sans soutien-gorge, mettent en scène leur légèreté. Une voix tombe du ciel pour ensoleiller ma vie. C'est la fête du lycée. Mes yeux commencent à se remplir d'étoiles. Françoise Hardy chante sous le préau : *« Tous les Garçons et les Filles de mon Age »*. Je suis subjugué.

LA BASCULE

C'est d'abord un signal faible insignifiant, puis une tendance perceptible qui devient ensuite une tendance plus large, et conduit invariablement à un point de basculement.

Brand Wagenaar

Je me sauve du lycée avant de passer mon examen de technicien comptable. À défaut de savoir ce que je veux faire plus tard, je sais ce que je ne veux plus faire. Je crains que le système ne m'absorbe, m'enferme dans des règles, des cases, des chiffres, des contraintes. Je ne veux pas que le système me broie, que la société me change, je ne veux pas être le réceptacle de préjugés, d'idées toutes faites que j'aurais entendues dans les médias et que je répèterais bêtement comme si elles émanaient de moi.

Je suis traversé par des chutes d'humeur exécrables. Je peux m'enfoncer soudainement dans des états dépressifs durant lesquels je me replie sur moi-même dans une position fœtale, et dans ces moments, il ne faut absolument pas me parler, comme je peux être sujet à des états euphoriques qui me font perdre toute notion de la réalité. Je ne sais pas interpréter ces troubles. Ça devrait être la préoccupation de mes parents mais ils n'ont pas cette culture du développement éducatif, psychologique de l'enfant, qui nécessiterait des dispositions qu'ils ne possèdent pas.

Parfois un visage, un lieu, un objet, un bruit, une odeur, une ambiance, ravivent un vécu qui déclenche en moi une série de réactions émotionnelles intenses qui se voient sur le plan physique et comportemental : j'ai alors le souffle court, les mains moites, je transpire subitement, mon cœur s'emballe, j'ai des réactions brutales, excessives. Je suis irritable, j'ai du mal à m'endormir et lorsque je dors, je fais des cauchemars.

Je suis à un point charnière de ma vie. L'enjeu est de taille. Je sens que je dois choisir : soit je rentre dans le rang, je trouve un emploi stable et ma vie devient médiocre, linéaire, monotone, commune, terne, sans relief, à l'instar de tant de vies insipides, soit je m'ouvre un chemin singulier dans l'espace-temps. Grâce à ma fibre artistique, je me dis qu'un seul choix s'impose. J'opte sans hésiter pour un monde ouvert, sans frontières, sans entraves.

Vive l'aventure ! À moi la LIBERTE. Je quitte le vieux monde. Je pars. Je verrai bien comment les choses évolueront. Je veux vivre des expériences, je veux connaître d'autres lieux sous d'autres cieux. Je veux m'inventer un Destin. J'écris des chansons. J'essaie de les chanter. Je devrais mettre un terme à cette aventure car je n'ai pas de voix, je chante faux. Mais je ne veux pas le reconnaître.

Je traverse la France à pieds, en autostop, la guitare en poupe. Cette guitare, c'est mon père qui me l'avait achetée. Je me souviens : un soir, il rentre tout guilleret à la maison avec l'instrument à la main en me disant *« tiens, ça c'est pour toi »*. C'est incroyable ! C'est la première fois qu'il me fait un cadeau. Mais quel cadeau ! Il n'y aura plus d'autre fois. Cette guitare est mon talisman. Je l'emmène partout avec moi. J'essaie de fredonner mes chansons en grattant sur ma guitare de ville en ville, dans des restaurants, sur des places publiques. Il y a tellement de bruit que je ne suis pas audible et donc moins soumis aux critiques. Je fais *la manche*, pour subvenir à mes besoins primaires.

Royan. C'est dans cette cité balnéaire qu'il se passe un fait improbable. J'aurais pu me trouver à l'autre bout de la France à ce moment précis mais non, je suis à Royan parce que faisant du stop un automobiliste me dit que c'est sa destination. J'arpente les rues de la ville, sans but précis. L'averse est drue, j'ai froid, je n'ai pas d'argent pour me payer un pull-over. J'entre dans un magasin. J'ai une mauvaise pensée qui trotte dans ma tête. J'hésite encore : le subtiliser à la sauvette et fuir ou ne rien tenter. Je suis dans l'hésitation. Soudain, j'entends une voix qui m'appelle du dehors. Je me retourne et je vois à ma grande surprise, ma mère. Mes parents ne partent jamais en vacances. Et là ils avaient décidé, sans m'en avertir, de louer un petit hôtel dans cette ville, où ils n'avaient jamais mis les pieds, tout comme moi : *j'ai eu une intuition, ce matin, j'ai dit à ton père que j'allais te retrouver.*

Je reprends la route. Une phrase de Jack Kérouac, le poète américain, m'habite : « *Ma garce de vie s'est mise à danser devant mes yeux, et j'ai compris que quoi qu'on fasse, au fond, on perd son temps, alors autant choisir la folie* ». J'avale les grands espaces. Je marche dans les herbes folles. Je fais osmose avec la nature. Je suis heureux. Lorsque je manque d'argent pour m'offrir une chambre d'hôtel, et que je n'ai pas rencontré de fille facile qui m'hébergerait, je m'assoupis dans l'entrebâillement de portes cochères d'immeubles ou dans des abris de jardins ou sous une bâche de quelque manège pour enfants. J'aime sentir l'herbe verte de la campagne, j'aime sentir la pluie glisser sur ma peau. L'on devient philosophe, surtout au cœur de la nuit, quand les bruits s'estompent et que toutes les formes apparues au crépuscule, se dissolvent dans l'air qui absorbe la complexité des vies.

Le retour sur terre est parfois violent, lorsque, marchant sur le bas-côté des routes, j'entends des automobilistes vociférer sur mon passage des remarques désobligeantes voire obscènes, du genre : *espèce de pédé*. C'est vrai que je suis quelquefois drôlement accoutré avec mon pantalon trop serré à rayures orangées et ma chemise flottante. Je suis ridicule dans cette tenue mais je ne me rends pas compte. Je prends juste conscience de la haine homophobe qui attente à la liberté d'être différent, d'autant que je ne me sens pas concerné. Mais ces apostrophes violentes proférées sur la voie publique, ces propos sans fondement me contrarient, me mettent mal à l'aise, m'indiquent peut-être quelque chose, m'alertent d'un problème plus profond.

Au cours de ces pérégrinations, alors que je traverse une commune, déserte à cette heure de sieste, un gendarme m'apostrophe, me demande mes papiers. J'obtempère naturellement. Il me dit sur un ton calme :

— Dites-moi, monsieur, vous cherchez des petites filles dans le coin ?

— Vous plaisantez j'espère ! votre question est irrespectueuse ! vous dites ça parce que je ne ressemble à rien. Je ne fais que passer, je n'ai rien à me reprocher

— Bon, bon ! au revoir, monsieur, bonne route !

Je suis surpris que l'on me suspecte de faits que je n'aurais même pas imaginés. C'est vrai que j'ai l'air décontracté avec ma guitare sur l'épaule, genre baba-cool, l'allure marginale, les yeux fatigués, les cheveux en bataille et une barbe de plusieurs jours. Mais tout de même ! Etait-ce suffisamment justifiant pour être accusé de la pire des horreurs ?

Retour à la réalité. Je dois rompre avec cette période bénie, service militaire oblige. Je suis affecté au 2ème hussards, basé à Orléans.

La vie militaire, c'est l'épreuve de l'enfermement. L'on nous bouscule, l'on nous crie dessus pour un rien, histoire de nous humilier. Les personnalités sont gommées. L'on nous apprend le maniement des armes. L'on nous fait nettoyer la cour de la caserne, ramasser les feuilles mortes. L'on nous fait démonter nos fusils, alors qu'ils viennent d'être graissés et remontés. L'on nous fait crapahuter dans la montagne sur des chants militaires. Des officiers des batailles d'Indochine, d'Algérie, font les kakou pour affirmer leur autorité. Tantôt l'on fait partie du clan des bleus et l'on combat les rouges, tantôt c'est l'inverse. Des flashs me reviennent de l'autre guerre, la vraie, celle d'Algérie. Celle où l'on tuait pour de vrai. Celle où l'on achevait les blessés. Celle où l'on torturait. Et là, je me retrouve dans une espèce de colonie de vacances pour jeunes dépravés qui boivent, bouffent, fument, rotent, pètent.

Après un entretien personnalisé auprès d'instructeurs qui consignent nos acquis en matière de diplômes, compétences, capacités, aptitudes, aspirations, l'on me convoque à un stage dans les transmissions, que j'effectue à Provins, en Seine et Marne. Ce stage est une période intéressante durant laquelle je peux laisser pousser mes cheveux, faire le touriste le long des remparts, draguer les filles. L'une d'entre elles flashe sur moi. Nous flirtons en tous lieux, toutes occasions. J'ai envie d'elle mais j'ai peur de ne pas savoir m'y prendre. J'ai honte de lui dire que je suis encore puceau. Je sens que j'ai un blocage à ce niveau-là. Elle est sténo dactylo. Elle me dit qu'elle ne peut vivre sans moi. Elle m'écrit une lettre d'amour quotidienne. Elle me demande même en mariage. Je fais comme si je n'entendais pas. Ce stage m'occupe. J'apprends le morse, langage inventé par Samuel Morse en 1832. C'est un code de caractères avec des points, des traits attribués à chaque lettre ou ponctuation, que l'on utilise pour transmettre un message ou un texte à l'aide d'impulsions courtes ou longues. J'excelle dans cette matière. À la fin du stage, je suis élevé à la distinction de 1ère classe. C'est une satisfaction.

Les émotions sont des états physiologiques d'une rare intensité. Elles sont d'une durée plutôt brève. D'où vient celle qui monte des zones d'ombre de mon être, m'étreint soudain, me taraude ? J'éprouve un trouble vis à vis d'un camarade de chambrée. Je ne comprends pas. Cette manifestation d'une attirance pour un garçon m'angoisse. Ce n'est pas dans mon tempérament, ma culture, mon envie. Elle me prend au dépourvu. Je n'ai jamais su, ni vu dans mon entourage des comportements inappropriés qui m'auraient incité au mimétisme. Je me détourne vite de cette sensation indécente. Je garde tout ça pour moi. Je laisse filer les jours, alors que je devrais consulter un psychologue, ou en parler à un ami, mais je n'ai pas d'amis. Je n'ai jamais eu d'amis.

Dans cet univers viril où le temps s'écoule à la vitesse de la chenille, le commandant me convoque, à ma grande surprise :

— Vous composez des chansons, n'est-ce pas ?

— Euh, ben, oui, oui !

— Eh bien voilà, je vous remets ce livret qui comprend des textes écrits essentiellement pour l'armée. Vous en choisirez un et vous le mettrez en musique. Rendez-vous au prochain 14 juillet pour que nos gars défilent dans les rues d'Orléans en chantant au pas cette chanson. Vous ferez toutes les répétitions nécessaires ! Exécution !

— Oui mon commandant.

Une fois dehors, je reste coi. Je transpire à grosses gouttes ! Je me dis que c'est mission impossible, et que je vais me planter ! je ne connais pas la musique, je n'ai pas le sens du rythme, comment vais-je faire ? Bon, voyons, ça doit pouvoir se faire au toupet, la rythmique militaire étant simple ! Après quelques répétitions je me transforme en chef de chorale, je me dis que je vais y arriver. Et nous voilà défilant au pas en chantant cette chanson, dans les rues de la ville, le jour de la fête nationale, sous les applaudissements de la population qui ne remarque rien. Je suis fier. Ça a de la gueule. À la suite du défilé, le commandant me convoque à nouveau. Je panique à nouveau. Je suis inquiet.

— Bon ! nous sommes contents de votre collaboration !

— Oh, merci, merci mon commandant

— J'ai décidé, pour vous remercier, de vous donner trois jours de congés exceptionnels.

Mai 68. C'est la quille ! je quitte définitivement la caserne juste avant les émeutes qui vont embraser le pays. Enfin libre ! J'ai 20 ans. La révolution estudiantine ne m'intéresse pas. Je ne me sens pas concerné. Je n'ai pas de revendications sociales ni politiques. Je veux juste être libre, rencontrer des filles, les aimer si possible, mais surtout coucher avec elles, devenir artiste, réussir. Je me dirige vers ce que je crois être mon destin puisque j'écris des poèmes. Je veux percer dans la chanson. J'ai des rêves de gloire. Je décide de vivre à Paris. Je fais *la manche* dans des restaurants du quartier latin qui pullulent rue Jacob, rue du Bac.

Paris. Paris, oh Paris mon amour, ville de mon âme. Paris anciennement nommé par les romains, Lutèce ou Lutetia Parisiorum. C'est un miracle ! Je suis à Paris. Je vis à Paris. C'est magnifique. J'ai le cœur qui vole. Se promener dans Paris c'est mettre ses pas dans ceux des écrivains qui ont fait l'histoire de la littérature française. Hugo, Proust, Verlaine, Baudelaire et tant d'autres. J'ai l'impression qu'ils me regardent, qu'ils me soutiennent, qu'ils m'encouragent. Je ne marche pas, je virevolte, je sautille lorsque je fais le chemin à pieds qui va de la gare de Lyon à la gare St Lazare, en passant par la place de la république, qui résonne encore du discours de Victor Hugo du 4 septembre 1870 à son retour d'exil : « *sauver Paris, c'est plus que sauver la France, c'est sauver le monde. Paris est le centre même de l'humanité. Paris est la ville sacrée. Qui attaque Paris attaque en masse tout le genre humain.* » Puis je remonte la rue de Rome, connue pour abriter la plus grande concentration de luthiers et magasins de musique de la capitale, je tourne à gauche vers le boulevard des Batignolles, nom déformé de batillole désignant la partie des moulins d'antan d'où tombait la farine, jusqu'au parc monceau qui contient la *Naumachie*, bassin ovale bordé d'une colonnade corinthienne qui provient d'une église de Saint Denis détruite en 1719 où je me laisse aller aux mille sensations qui s'échappent des arbres et m'enveloppent de leur amour. Puis je flâne, l'âme en goguette, dans le quartier St Germain des Près, haut lieu de la vie intellectuelle et culturelle parisienne et dont le nom vient de Germain de Paris, également appelé Germain d'Autun, homme d'église de l'époque mérovingienne. Je suis aimanté par la basilique du Sacré-Cœur, sanctuaire de l'adoration eucharistique et de la miséricorde divine de nature romano-byzantine construite entre 1875 et 1923, située à 130 mètres d'altitude dans le ciel. Il existe même une thèse selon laquelle sa construction est décidée pour « expier les crimes des communards » au temps de la période insurrectionnelle de la commune de Paris. J'aime flâner dans le haut Ménilmontant riche de ses rues escarpées, anciennement village des faubourgs annexé à Paris par Hausmann et chanté par Maurice Chevalier, ou à Montparnasse, anciennement Mont Parnasse en référence à la mythologie grecque, où je retrouve l'âme de Jean Cocteau, Apollinaire. Au bout de la rue St Lazare, est érigée l'église de la Sainte Trinité, construite en 1860 par Théodore Ballu, l'architecte des grands édifices de la capitale. Depuis le petit parc qui lui fait face, je la contemple les yeux grands-ouverts. J'aime les lieux saints de la capitale, surtout la cathédrale Notre Dame, instigué par Maurice de Sully en 1162, et dont Victor Hugo s'était inspiré pour écrire « Notre Dame de Paris ». L'on doit son édification aux maîtres des pierres vives comme l'écrivait Jules Michelet dans son « Histoire de France », ajoutant : « *la pierre s'anime et se spiritualise sous l'ardente et sévère main de l'artiste.* » C'est dans ce lieu hautement symbolique que les premiers capétiens y firent leurs dévotions. Philippe Delorme journaliste et historien nous apprendra dans « la Légende de Notre Dame » que Napoléon y fut couronné le 2 décembre 1804, avec la bénédiction du pape Pie VII. Il nous confiera aussi que même après l'instauration de la laïcité militante, les présidents de la république, même les moins croyants, continueront de réclamer les pompes de Notre Dame, afin de donner à « l'achèvement de leur destinée, sa richesse et son sens », rapportant ainsi une citation de Monseigneur Lustiger qui avait fait écrire sur un des piliers de l'édifice : « *je suis demeuré juif comme le demeuraient les Apôtres.* »

Orléans. Une rumeur agite la ville. L'on dit que les magasins juifs pratiquent la traite des blanches. Il y aurait, parait-il, des nombreuses disparitions de jeunes femmes dans des cabines d'essayage de magasins de lingerie tenues par des juifs, aux fins de prostitution. Dans cette cité moderne, des récits empruntés au Moyen Âge font résurgence, trahissant un antijudaïsme inconscient. L'on me regarde bizarrement lorsque je dois indiquer mon nom à l'occasion de démarches administratives. Je suis très mal.

Je suis fou de liberté et la liberté me rend fou. Je suis livré à moi-même. Je déambule dans un espace vaporeux à l'intérieur duquel je crée mon illusion, pour me sauver d'un mal profond que je ne sais définir, sorte de gouffre dans lequel je m'enfonce dangereusement et qui m'aspire et qui m'attire J'installe inconsciemment en moi, une dynamique de survie. L'illusion, ce sont des vagues soulevées par d'autres vagues poussées par des vents incontrôlables, l'illusion, ce sont des rêves portés par d'autres rêves qui ouvrent sur des territoires sublimes aux couleurs qui n'existent pas sur terre.

Cette illusion est dangereuse, hallucinatoire, fascinante. L'illusion est le pêché du rêveur. C'est une cellule vivante qui crée une énergie euphorisante. Je sens qu'au cœur de cette illusion, vit quelque chose d'essentiel qui à terme, me sauvera de moi-même et de l'adversité.

Je fantasme. Je n'ai plus la juste perception du concret. Je n'ai personne autour de moi pour me recentrer, pour me dire que je m'engage sur un chemin périlleux. Je tisse inconsciemment une protection entre mon passé tâché d'ombres et le présent. Je suis en terrain miné, car j'ai besoin pour vivre, de folie, d'ivresse, d'extravagance, de fantaisie, d'inconscience, d'excitation, de liberté.

La frontière entre le tangible et l'imaginaire, est ténue. Dans ma tête, j'ai tendance à tout mélanger : le vrai, le faux. Je ne sais plus où j'en suis.

Dans ces moments d'exaltation mentale, je surestime mes capacités. Je me sens tout puissant. Je cours à la rencontre d'artistes de renom pour leur proposer mes chansons : Serge Reggiani, lui, je vais le voir dans les coulisses de Bobino, ce célèbre music-hall où il est programmé. Ce soir-là, pour se déstresser, il fait les cent pas, à la manière d'un militaire, avant de se *jeter* sur scène, comme un athlète se jette sur le fil de la victoire. J'ai des frissons quand il entame son tour de chant avec sa chanson fétiche :

« Les loups ououh ! ououououh ! Les loups ont envahi Paris. Soit par Issy, soit par Ivry. Les loups ont envahi Paris. Tu peux sourire charmante Elvire. Les loups ont envahi Paris. »

À l'issue de son récital, il m'invite dans sa loge, il écoute attentivement ma chanson et me dit :

— Oui, vous êtes un véritable auteur.

Le pense-t-il vraiment ? Sur le moment je le crois. J'obtiens un rendez-vous avec Juliette Gréco. Lorsque je monte les escaliers qui montent à pic à son appartement, j'entends résonner la voix intimidante de Michel Piccoli. La chanteuse m'enveloppe d'un regard doux. Je luis dis un texte qu'elle écoute poliment et qui commence par : « *quand je déplie le monde sur un coin de mon lit, c'est bête à la seconde, je me sens si petit et je cherche des yeux un point nommé Paris et dans ce point, parbleu, un signe de ma vie…* » Ce texte semble vivement l'intéresser. Aujourd'hui je le trouve tellement désuet. Elle ne me rappelle pas. Et moi, j'ai trop peur de l'appeler de crainte qu'elle éconduise mon texte. Je n'affronte pas. C'est une erreur, un manque de confiance en moi. J'aurais dû le faire. Je fais l'essentiel dans mes démarches, j'obtiens des rendez-vous, et patatras… Je ne vais pas jusqu'au bout. Je rencontre Jacques Canetti, le découvreur de stars de la chanson. La plupart des artistes tels que Brel, Reggiani, Higelin, lui doivent leurs premiers pas. Il m'écoute puis me demande si je n'ai pas *un métier à côté pour vivre*, selon l'expression réservée aux « refusés ». Cora Vaucaire est charmante, elle est polie, apaisante, m'écoute tendrement. Jean Claude Pascal m'ouvre sa porte en peignoir chamarré. D'une voix de crooner, il m'invite à m'asseoir dans son salon. Je me méfie car l'on m'avait prévenu qu'il était pédéraste. Il m'écoute attentivement. J'ai l'impression de passer un entretien d'embauche. Mon texte commence par : *« c'est dans un lit qu'on découvre le monde, les yeux écarquillés aux premières secondes. »* En fait je raconte l'histoire d'un lit, témoin de toutes les phases importantes de la vie : la naissance, les chagrins, les amours, la vieillesse, la mort. Ce poème, je l'avais mis en musique, je l'avais même enregistré en studio à la maison de la radio, pour un passage dans une émission sur France inter variétés accompagné par un orchestre maison. Ce fut mon unique fait de gloire dans la chanson, en tant qu'interprète.

Au final, tous ces chanteurs m'accueillaient avec bienveillance puis je n'en entendais plus parler. Je n'étais pas prêt ou je n'avais aucun talent. C'est cette deuxième hypothèse que je retenais dans mes moments de rare lucidité. J'atténuais ma déception en me persuadant que le fait même d'approcher ces grands artistes me faisait grandir. Un jour pourtant, j'ai rendez-vous avec la chance. Théo Sarapo de son vrai nom Théophánis me reçoit dans sa maison qu'il partageait avec Edith Piaf et dont le succès « À quoi ça sert l'amour » est sur toutes les ondes. Quelle émotion de se retrouver dans l'antre d'une maison où vivait cette grande dame qui a marqué son siècle ! Il choisit d'emblée une chanson intitulée « ma Jeunesse » parmi celles que je lui présente et qui commence par : *« comme la pierre qui roule, entraînant avec elle, le rocher qui s'écroule, sous un bel arc-en-ciel, comme le chêne en hiver, dénudé par le vent, se ferme les paupières, de peur d'être méchant »,* qu'il veut enregistrer, mais avec sa propre musique à lui. Je saute de joie. Je laisse passer le temps. Quelques semaines plus tard, en lisant le journal, j'apprends sa mort dans un accident de voiture.

C’est une époque où je reste bien sage et attentif sur les bancs du petit conservatoire de la chanson fondée par Mireille, qui s’était donné pour mission « d’écouter, et détecter plus vite, plus tôt, le talent latent des chanteurs ». La classe est gratuite, accessible aux jeunes auteurs, compositeurs et interprètes professionnels de la chanson tel Yves Duteil, toujours bougon, à qui elle répète de bien articuler les mots quand il chante, car l’on ne comprend rien.

— Vous ne réussirez jamais monsieur Duteil, si vous ne corrigez pas votre défaut, et puis vous êtes trop caractériel. Vous disparaissez sans prévenir et deux mois après vous réapparaissez. Ce n’est plus possible, votre histoire !

Il y a Hervé Cristiani au caractère espiègle avec qui je prends souvent le métro, et qui deviendra célèbre grâce à une chanson « Il est libre Max ». Il y a Yvan Dautun à l’humour froid, décalé, qui fait sensation. Il y a la gentille et tellement naturelle Charlotte Jullian qui vient de Perpignan et ne cache pas son accent fleuri. Il y a aussi Gérard, l’ami d’Oran. C’est lui qui m’introduit dans la place. Il est à son aise dans ces cours. Il intègrera plus tard « la Bande à Basile », troupe joyeuse qui créera son buzz dans le monde des variétés. Mireille sait que je n’ai aucun talent mais me permet de suivre ses conseils. Des années plus tard, nous nous croiserons dans un studio de la maison de la radio :

— Alors qu’êtes-vous devenu ?

— Ah ! vous vous rappelez de moi ! Je fais de la poésie à présent, puisque je n’ai jamais su chanter. Je vous remercie de m’avoir accepté quand même à l’époque sur les bancs de votre conservatoire. Aujourd’hui, j’en vis et je suis heureux.

— Dites-moi quelques poèmes de vous, s’il vous plait ?

Je m'exécutai avec un peu d'appréhension, mais à sa mine ravie, à ses yeux enthousiastes, je compris que j'avais pris la bonne direction.

Qu'est-ce qui fait qu'un talent sûr ne perce pas immédiatement ou reste dans l'ombre toute une vie durant, ou attende des années pour émerger ? quand tant d'autres moins talentueux éclosent ? faut-il persévérer ou abandonner ? À quel moment faut-il renoncer ? Est-ce une injustice de ne pas réussir lorsque l'on a du talent ? À quoi ça tient ?

« *Le diable se cache dans les détails* », selon l'expression inventée par Nietzsche philosophe allemand, au XIXe siècle, S'il n'est pas directement fait référence à la religion, l'image renvoie à un être maléfique qui viendrait semer la zizanie de manière discrète, en agissant sur les détails. Il y a dans la vie des moments où tout peut basculer. Un soir, à l'issue d'un cours magistral de Mireille, un vieil impresario en gabardine grise, –je n'aime pas les gabardines grises– s'approche de moi. À l'évidence il me fait des avances mais je reste impassible. Il me regarde d'un air vicieux. Il a un rire sadique. Je suis paralysé. Je ne comprends pas mon attitude. Je sens qu'il y a quelque chose en moi, qui me pousse vers lui. Je subis son regard de dévoreur de chair fraiche, comme s'il se délectait déjà. Je ne réagis pas. Je suis sans contrôle. Il veut m'inviter chez lui. Je sais que c'est mal. Mon corps me somme d'accepter. Heureusement je m'entends dire non. Il n'insiste pas. Je suis sauvé.

Je n'ai pas encore fait l'amour avec une fille. Ce n'est pas faute d'avoir essayé. Bien sûr, j'avais eu « *quelques amourettes qui passaient par là* », comme le chantait Lény Escudéro, mais c'étaient des regards, des rires, des intentions. Là, je m'affole. Je suis bloqué. Quelque chose m'en empêche. Plus le temps passe plus j'ai peur de ne pas savoir m'y prendre. Je suis tétanisé. Au hasard de mes déambulations parisiennes, je fais la connaissance, dans un bar de nuit de Saint-Germain-des-Près, d'une enseignante chargée de cours, bien plus âgée que moi, à l'apparence hippie, mal fagotée, cheveux filasse tombant sur son visage sans attraits. J'apprends à l'issue de la copulation brève, que c'est une amante revendiquée qui multiplie ses aventures pour noter ses orgasmes sur l'échelle des plaisirs. Mais cette femme est repoussante, laide. Son sourire n'est pas un sourire. C'est un rictus. Je n'aime pas les rictus. Mon premier contact avec la chair d'une femme est une erreur, un fiasco, une défaite.

J'ai une vie décousue. Je croise des gens mais ne les vois pas. Je retiens juste des bribes de ce qu'ils me disent. Je ne comprends pas pourquoi je suis dans cet état hors sol. Mais pire, mon stress s'amplifie, suite à une passion déçue, un rendez-vous amoureux où l'attendue ne vient pas. Je ressens alors que mon corps produit du sperme en abondance, qui se propage comme un cancer à l'intérieur de mon organisme, s'y répand, attaque mes cellules.

Il y a aussi une chose que je ne comprends pas et me choque et me perturbe, lorsque j'entre dans un magasin de vêtements, je me retrouve presque toujours au rayon des femmes. Les vendeurs me font la remarque avec délicatesse. Une voix intérieure me dit : *mais qu'est ce qui t'arrive* ? *Qu'est-ce que tu fais ? Ce n'est pas toi, ça ?* J'ai honte.

J'ai la phobie de la propreté corporelle. Je me lave tout le temps. Je prends des douches, des bains à n'en plus finir. Je me sens sale en permanence. Sentir l'eau couler abondamment sur mon corps qui l'exige. C'est vital. C'est un geste rituel auquel je me sens contraint de me livrer.

Mon sexe me fait mal. Je le tords dans tous les sens pour apaiser ma douleur. Je dors tout habillé pour m'empêcher de le triturer. Je suis perturbé. Je me doute que ce n'est pas normal.

Je suis victime d'un trouble de la confusion des mots. Lorsque l'on me dit quelque chose, je comprends tout autre chose. Puis tout s'inverse, tout se mélange. Je m'enfonce dangereusement dans des paronymes, ces mots qui présentent de fortes similitudes dans leur graphie ou leur sonorité, mais n'ont pas le même sens. Je perds vite le fil de la conversation.

Je suis sujet à des crises de pollakiurie. J'ai anormalement besoin de faire pipi de jour, de nuit. Ça remonte à l'adolescence. À chaque fois que j'entre dans un lieu public, je guette l'emplacement des toilettes. C'est invivable.

Devant une scène de film qui raconte une histoire d'enfance martyrisée, je me mets à pleurer sans pouvoir m'arrêter. Mon cerveau libère des ocytocines qui révèlent une charge émotionnelle irrationnelle.

Je suis secoué ponctuellement par des crises d'angoisse. J'entends des voix. Je suis en danger. J'ai peur que l'on m'assassine. C'est violent, insupportable, douloureux. Si dans un train, un voyageur me regarde bizarrement, je pense qu'il va sortir de sa poche un pistolet et qu'il va faire feu. Lorsque je me trouve dans un lieu commun, par exemple un cinéma, un hôtel, un bar, j'imagine qu'il brûle, alors je pense que je vais périr dans les flammes. Et je fuis. Je me sens en insécurité permanente. J'ai des idées noires. J'oscille entre découragement et enthousiasme en un laps de temps. Je surfe sur des humeurs opposées. J'ai l'impression d'être engourdi, blessé, brisé, qu'une douleur agressive, traverse mon corps et ne peut se soigner.

À qui en parler dans un monde qui va de plus en plus vite, où personne ne s'intéresse à personne. Encore faut-il trouver les mots ! Encore faut-il savoir expliquer ce que je ressens !

Il semble en outre que je sois atteint de syndromes d'anosmie et d'agueusie. C'est-à-dire que je perds progressivement le sens du goût et de l'odorat. La cause pourrait provenir d'une mémoire olfactive qui se réveillerait inconsciemment en moi suite à un évènement difficile vécu par le passé.

Ma vie n'est pas, n'est plus, ne vaut rien. Je suis une épave, une douleur, un ramassis de déchets épars, un foutoir de pensées abîmées, une émulsion de substances informes, une construction artificielle, un assemblage hétéroclite nourri aux raisonnements plaqués sur du vide. Au fond, Je ne m'aime pas, je me trouve nul, je n'aime pas ma voix, mon style. Mon corps est fictif. Je suis un leurre. Je me sens sale, laid. Je ne ressemble à rien. Je n'ai pas confiance en moi. Je dois donner le change, pour paraître normal, poli, sociable, alors que tous me croient narcissique et pensent que je m'aime, que je n'aime que moi. Je fais le beau, je m'admire dans la pupille des femmes. Je suis vaniteux, egocentrique, arrogant. Je jouis de me voir si unique en mon miroir. Mais c'est un paravent derrière lequel je cache une souffrance. C'est une question de survie.

C'est décidé. Je quitte la France. Je pars à Londres. Je veux vivre autre chose, m'installer dans une autre langue, penser dans une autre langue, rêver dans une autre langue. Je me dis que si je parle une autre langue, je peux échapper au mal être qui s'est constitué dans ma langue usuelle. Je veux connaître d'autres gens, découvrir d'autres mentalités, créer du mouvement qui emporte l'espace fixe, se manifeste où pousse l'orage, crée de la rupture.

Ne pas être là où l'on m'attend, créer de la diversion, disperser des assaillants potentiels à l'aide de provocations, de faux départs, de plaisanteries graveleuses, empêcher que l'on me connaisse, que l'on me cerne, que l'on m'identifie, que l'on découvre mon secret.

Ici Londres. C'est un autre monde. Dépaysement complet dès mon arrivée. C'est ce que je recherche. Longtemps capitale de l'empire britannique, elle est désormais le siège du Commonweatlh, fondée il y a presque 2 000 ans par les romains sous le nom de Londinium, suite à leur conquête de la Bretagne en l'an 43. Les gens vont, viennent, s'affairent, c'est normal dans une gare, mais ils marchent calmement, sans se presser. Tout est lisse. Mais nul smog, ce fameux mélange de brouillard et de fumée. En fait, je n'ai pas froid immédiatement. C'est progressif.

Je ne sais pas où aller. J'aime ces situations à risque où j'arrive dans un lieu qui m'est étranger. Je me donne quelques heures pour créer mon environnement. Je trouve un job de plongeur dans un restaurant turc à Oxford Street et dans la foulée une chambre à Wimbledon quartier huppé de la capitale. J'ai les mains qui triplent de volume à force de les plonger dans l'eau. Mais j'ai au moins de quoi vivre. C'est une épreuve. Qu'est ce qui me pousse à la vivre ? De quoi suis-je coupable ?

Très vite, je rencontre une jeune fille parisienne dans un pub à Piccadilly Circus. Elle me dit qu'elle est fille au pair dans une famille anglaise avec laquelle elle ne s'entend pas et dont elle veut se séparer. Nous émettons l'idée saugrenue de vivre ensemble pour mutualiser nos peines existentielles. Nous rencontrons un indien enturbanné qui veut bien nous louer un de ses nombreux *flat.* Il nous demande si ça fait longtemps que l'on vit ensemble. L'on est pris au dépourvu, l'on ne sait pas quoi dire… silence… *Oui et d'ailleurs, nous projetons de nous marier…* Je la regarde, surpris, je m'étouffe, je m'étrangle, je tousse. Quel toupet ! Nous prenons le temps de nous connaître. Cette vie commune n'est pas désagréable, mais je dois regagner la France à l'occasion du mariage de mon frère. Je n'ai plus l'intention de revenir à Londres.

Qui décide à cet instant précis, qu'une conversation somme toute banale dans un lieu improbable entre deux êtres qui ne se connaissaient pas quelques minutes auparavant, aux cultures si différentes que tout oppose, aura des répercussions décisives sur leur vie au point qu'ils vivront ensemble, se marieront, feront des enfants, se sépareront peut-être !

Nous nous écrivons. Elle me recontacte lors de son passage à Paris où elle habite avec ses parents. Nous nous revoyons dans une brasserie chic de Montparnasse. J'arrive en retard. J'étais à deux doigts de manquer ce rendez-vous à cause d'une obligation de dernière minute qui s'éternisait :
— Bof, elle ne m'attendra pas, je suis trop en retard, ce n'est pas la peine de me presser, mais je vais y aller quand même.

Elle est là. Je la trouve plutôt mignonne. Elle m'attendrit avec ses grands yeux bleus. Séquence *moovie.* Un orchestre imaginaire joue spécialement pour nous la « Chabadabada » de Francis Lai. Nous sommes les seuls à pouvoir l'entendre. Elle me dit qu'elle doit retourner à Londres. J'ai peur de ne plus la revoir. Nous décidons d'un commun accord, qu'à l'issue de son séjour parisien, nous ne nous quitterons plus.

Je veux réussir dans le monde artistique. Je suis convaincu que je peux y arriver. Je vais où mes pas m'entraînent. Je guette un signe, quitte à provoquer une circonstance, comme ce jour où je croise dans l'ascenseur de la maison ronde, Dominique, une ancienne amie rencontrée au temps de ma période nomade, sur les routes de Normandie : je la reconnais d'emblée à son air étrange, lunaire, mystérieux, à son minois rêveur, son nez en trompette, son sourire lointain sous une chevelure à la Catherine Deneuve :

— Qu'est-ce que tu deviens ? L'on se pose la même question en même temps.

— Je suis directrice des variétés sur TF1 et toi ?

— Euh…Et bien, j'écris des poèmes ! j'essaie d'en vivre !

Je sens que l'attrait amoureux que nous avions l'un pour l'autre, n'est plus. Chacun est dans sa vie. Un léger sourire se pose en même temps, sur nos lèvres. Il prouve que nous sommes en train de revisiter par la pensée nos souvenirs de cette époque. C'était le temps de l'insouciance. Elle avait atteint ses rêves, moi je les poursuivais toujours.

— Tu devrais t'inscrire aux cours Simon. C'est une excellente école de formation du comédien.

L'art dramatique, oui, pourquoi pas ! Je vais essayer cette voie, puisque je me sens perdu dans la chanson ! Rosine Margat qui avait pris la relève de son créateur René Simon me reçoit. Mes débuts sont prometteurs. Mes professeurs sont contents de moi. Ils me citent même en exemple devant mes camarades. Un jour, je suis choisi pour jouer au sein de l'école, devant une salle comble, dans un acte d'une pièce de théâtre intitulée « Montserrat » d'Emmanuel Roblès : la scène se passe en 1812. Montserrat, officier espagnol, prend le parti des révolutionnaires vénézuéliens horrifié par les traitements que font subir ses compatriotes aux indigènes. Alors que les Espagnols comptent aller arrêter Bolivar, le chef des révolutionnaires, Montserrat le prévient et Bolivar parvient ainsi à s'échapper. J'emploie un ton tragique que je crois juste. À mon grand étonnement, toute la salle s'écroule de rire. Gros succès, mais je suis vexé. Je me dis : *là, il y a un truc. Je rate peut-être une vocation d'humoriste. Et si j'insistais* ! je ne donne pas suite à cette idée saugrenue. De toutes façons, je n'aimais pas cette ambiance qui régnait dans les cours. Les apprentis comédiens étaient constamment dans le jeu que ce soit dans ou hors les murs. C'étaient pour la plupart des fils et des filles à papa qui cherchaient à sortir de leur timidité et couraient après l'aventure amoureuse. Tout le monde couchait avec tout le monde. Je suis encore dépité par mon expérience sexuelle ratée. J'ai peur que ça ne se reproduise. Je n'insiste pas. Et puis les cours sont chers. Je n'ai pas les moyens de les suivre. Je me sauve.

Même si nous nous éloignons de ce qui nous est enseigné, tout au long de notre parcours, qui collectionne des matières rébarbatives ou passionnantes, parfois sans liens entre elles, ce n'est jamais inutile. J'ai l'opportunité de m'introduire enfin dans le monde artistique dont je rêve en douce. Je rejoins une troupe amateur appelée « Les Trouvères d'Orléans », composé d'auteurs compositeurs interprètes, d'humoristes, de chansonniers, de poètes. Chaque samedi nous faisons salle comble. Nous refusons du monde. Le Graal ! Nous sommes même à l'affiche dans les années 1970 d'une émission de variétés retransmise à la Saintt Sylvestre en première partie de soirée sur FR 3. C'est Jacqueline Joubert qui s'étant rendue dans notre cabaret pour nous superviser, donna son accord pour la réalisation de cette émission. Je l'entends encore me dire en aparté :

— Vous avez tant de particularités bien à vous, je dirais même de défauts, et peut être est-ce grâce à ça, que vous pourrez demain, faire quelque chose dans le monde artistique.

Les médias racontent notre aventure. Nous avons de bons *papiers* dans la presse régionale. Je me fais connaître. Je décroche dans cette configuration un rôle convoité de comédien-mime professionnel, dans une création artistique et musicale intitulée « le Passeur de Loire » qui va partir en tournée durant deux mois, dans la région centre val de Loire. J'en compose les mélodies sur des textes d'auteurs du moyen Age. Ainsi, ce texte magnifique de Charles d'Orléans, qui m'inspire :

Le temps a laissé son manteau.
De vent, de froidure et de pluie,
Et s'est vêtu de broderie.
De soleil luisant, clair et beau.
Il n'y a bête, ni oiseau.
Qu'en son jargon ne chante ou crie :
Le temps a laissé son manteau.
Rivière, fontaine et ruisseau.
Portent en livrée jolie.
Gouttes d'argent d'orfèvrerie,
Chacun s'habille de nouveau :
Le temps a laissé son manteau.

Olivier K, le metteur en scène de la pièce, à l'origine de ce projet, dirige la cellule animation de la maison de la culture de cette capitale de l'ancienne province historique de l'orléanais. Il a le type espagnol, il est grand, il a les cheveux noirs, le sourcil épais, le regard ombrageux, il est toujours vêtu d'une gabardine grise-je n'aime pas les gabardines grises-. Entre deux représentations, il court après les primo adolescentes. Il les chasse, il les harcèle, elles crient, il les rattrape, les embrasse de force. C'est inconvenant, choquant. Ses agissements de pervers, m'alertent de quelque chose dont je n'ai pas l'explication.

La tournée rencontre un beau succès populaire. Je rejoins ma dulcinée chaque soir. Nous faisons un enfant, parce qu'elle désire un enfant. Ça sera une fille. Nous l'appelons Sarah. C'est un prénom d'origine hébraïque qui signifie princesse. Ce prénom puise ses origines dans la Genèse de l'Ancien Testament. En effet, Sarah est la femme d'Abraham. Le récit biblique raconte que le couple, qui ne pouvait pas avoir d'enfants, reçut la promesse divine d'avoir de nombreux descendants. Sarah n'était déjà plus en âge d'avoir des enfants lorsque la prophétie se réalisa et qu'elle donna naissance à Isaac.

Tout va vite, trop vite. Nous nous marions à Paris. La salle des mariages dégage une odeur de rance. Il pleut. Il pleut comme vache qui pisse. Mariage pluvieux, mariage heureux. L'on se le dit machinalement pour barrer la route au mauvais sort. Au sortir de la cérémonie, nous prenons l'apéritif au café d'en face avec nos deux témoins officiels. Le père de la mariée est obligé d'être présent puisqu'il doit signer son autorisation, sa fille étant encore mineure selon la législation en vigueur. Il fait une tête d'enterrement. Dans ce contexte, je ne convie pas mes parents à la cérémonie. De toutes façons, vu leur hostilité, la rencontre entre eux n'était pas envisageable. Et puis, ils n'avaient pas la même culture et ne s'entendraient pas. Sarah est déjà dans le ventre de sa maman. Heureusement elle ne voit rien, ne sait rien. Dehors, il pleut. Il pleut encore plus fort.

C'est en été. Je suis en visite protocolaire dans la résidence secondaire des parents de ma compagne, située sur la rive droite de la Loire entre Bourgogne et Berry. Je suis soudain alerté par des chuchotements venant du fond du jardin. Je m'approche :

— Seigneur Jésus Christ notre Dieu…

Je suis stupéfait. Je m'approche et vois qu'ils sont en train de glisser une croix autour du cou de notre fille, alors qu'ils savent ma religion.

— Nous voulions protéger Sarah contre le racisme et l'antisémitisme !

Lors d'une autre visite, faisant un petit tour dans leur cave pour m'isoler, trouver un peu de fraîcheur, j'aperçois dans la pénombre, un vieux piano droit. Mon regard s'habituant à l'obscurité, remarque une pile de brochures jaunies, posées à même le sol. Stupeur, lorsque je découvre que ce sont des revues de propagande nazie, empilées par dizaines, datant de la dernière Guerre mondiale. Pourquoi ne pas les avoir jetées avant ! Tout se confirmait. Un juif dans la famille, c'était un malheur ! Surtout un juif pauvre !

Nous vivons désormais dans un minuscule studio en proche banlieue parisienne. Je trouve des emplois intérimaires. L'argent manque. Je sens que depuis qu'elle a cet enfant, elle s'éloigne de moi. Cet enfant remplit sa vie, lui suffit, la comble. Comme si son seul but dans notre relation avait été d'avoir un enfant. Je compte moins pour elle. Je sens qu'elle se détache de moi. Elle est taiseuse. J'en souffre. J'écris un poème sur ce que je ressens :

Elle passait un temps infini à ne rien dire, au début je pensais : spécificité de caractère, pourquoi pas sentiment quand même. J'imaginais un p'tit rien de gris dans ses pensées. Le bleuté superbe d'amour a coulé sur sa belle aquarelle. Elle passait un temps infini à penser qu'elle me quitterait.

Un jour, elle m'annonce qu'elle a besoin de « respirer ».

— Oh je pars juste quelques jours, tu garderas le bébé.

— Mais où vas-tu ?

Pas de réponse. Fugue programmée. Elle revient deux jours après sans explication. Je n'extériorise pas ma peine. J'ai trop peur qu'elle me dise qu'elle ne m'aime plus. La vie continue.

Je garde espoir. Je fais confiance à ma bonne étoile. La chance est un concept qui exprime la volonté que s'améliore une situation personnelle. J'ai l'opportunité de me faire embaucher en tant qu'agent administratif au service liquidateur de l'ORTF[1] avant éclatement de la structure en plusieurs chaines de télévision, désormais concurrentes. C'est une mesure qu'avait prise en 1975, le président Valéry Giscard D'Estaing, faisant advenir sept sociétés distinctes: trois sociétés de progammes au capital entièrement détenu par l'Etat[2], un établissement public industriel et commercial chargé de la diffusion des programmes et de l'entretien des réseaux, Télé-Diffusion de France (TDF), une société d'économie mixte à participation majoritaire de l'Etat, la Société Française de Production (SFP), et un établissement public chargé des archives, l'Institut National de l'Audiovisuel (INA)

Je suis chargé de liquider les comptes des personnels, au regard de leurs obligations sociales. Mes études en comptabilité, que j'exécrais, me sont bien utiles en cette circonstance. Je suis ambitieux. Mon ascension professionnelle est fulgurante puisque je gravis en un temps record, tous les échelons qui me projettent à la tête du service. Au terme de ma mission, je suis engagé à FR 3, après un entretien auprès d'un responsable administratif, passionné de football. Ça aide ! Ma carrière semble assurée, ma vie tracée. J'ai les compétences nécessaires. De plus je vis dans la capitale de mes rêves.

---

[1] Office de Radio-Télévision Française

[2] TF1, Antenne 2 et FR3

Mais il était dit que j'entrerais dans une zone de turbulence. Ma parisienne fait du forcing. Elle se sent trop malheureuse dans cette capitale polluée, où dit-elle, il pleut sans cesse. Elle veut vivre dans le midi de la France où le soleil l'attire. Elle me répète que c'est bon pour notre fille. Manipulation des esprits ! Je me plie bêtement à son caprice.

Nous sommes le 11 mars 1978. Il fait une chaleur estivale. Claude François vient de mourir. Je me retrouve sans ressources à Cannes, ville artificielle et sans âme, que je déteste. C'est une ville de vieux, adossée à la mer. Les gens sont superficiels, hypocrites. Il n'y a rien de sincère dans leurs attitudes. Ils dédaignent visiblement la pauvreté. Lorsqu'ils échangent avec quelqu'un dont la présentation est douteuse, ils le regardent de haut, ils le toisent de la tête aux pieds pour voir comment il est habillé, ils expriment ouvertement leur mépris. Seule l'apparence compte. À Cannes, il vaut mieux ne pas posséder de voiture plutôt que d'avoir une voiture en mauvais état ou démodée. Cette mentalité me heurte.

Je trouve un job d'agent d'assurance-vie. Il m'assure un salaire minimum. Je fais du porte-à-porte. Entre deux étages, je me demande ce que je fais là. J'ai la nostalgie de Paris. Paris me manque terriblement. Notre fille grandit. Elle est belle, elle est ma joie. Elle rit, elle chante sous le soleil de la croisette. Elle est mon bonheur. Je supporte cette vie parce qu'elle est là. Nous sommes heureux. Nous formons une famille.

Mes peurs se sont calmées. Mes angoisses se sont estompées depuis que j'ai un foyer. J'ai besoin de cet équilibre familial. Il me manque une stabilité professionnelle. C'est chose faite après que je me sois présenté spontanément dans une collectivité territoriale du département. Une conversation avec une secrétaire de direction, le lien amical qui en découle grâce à l'évocation de l'Algérie dont nous sommes tous deux originaires, suffisent. Tout va très vite. Je suis embauché. Ça n'était pas mon rêve mais au moins, je peux attendre mon heure.

Les années passent, monotones, uniformes. Je ne sais plus comment me sortir de ce guêpier. Je suis chargé à longueur de journée d'engager des dépenses en fonction de devis auxquels je joins les factures correspondantes, que je transmets au service payeur du trésor public qui les liquide après contrôle. C'est fastidieux, rébarbatif. Je donne certes, de la sécurité à ma famille, mais je suis désespéré.

Je dépends d'une chef de service autoritaire, manipulatrice qui me prend très vite en grippe, me harcèle. Ma vie devient impossible. Elle s'acharne sur moi. Je n'en peux plus. Elle use d'un stratagème efficace. Je fais quelquefois des erreurs. Elle les concentre en liasse, puis elle va trouver le secrétaire général pour lui en faire état. Forcément celui-ci me convoque pour me sermonner. Je ne me laisse pas faire. Je lui tiens tête. C'est invivable. Je demande mon détachement auprès d'une autre administration, détachement très vite accepté. Avant de partir, je vais la trouver et lui demande une explication à cette haine. Elle me répond sans sourciller :

— Vous êtes juif et les juifs ne sont jamais des petits employés. En tout cas, ils ne le restent pas. Ils ont plus d'ambition que ça. Ils ont tous des professions en vue. Si vous étiez resté, vous auriez pris ma place. Et puis j'ai autre chose à vous dire, j'ai remarqué que vous vous teniez toujours à l'écart, c'est vrai que dans votre religion, l'on ne se mélange pas aux autres.

Je suis sans voix. Je suis au bord de la syncope. Comment lui expliquer que je n'ai nulle envie de prendre sa place parce que ce travail ne m'intéresse pas. J'espère juste qu'il se produira quelque chose dans ma vie qui fera que j'accèderai un jour à mon Absolu, dont je ne perçois pas encore la façon de l'atteindre. Quant à mon caractère sauvage, comment lui dire qu'il provient d'un mal-être intime dont je ne sais l'origine.

Je m'interroge : juif, être juif, qu'est-ce que c'est ? j'ignore d'où vient cette haine millénaire qui s'abat sur les juifs. À cause peut être de la fascination qu'ont les chrétiens pour la dimension intellectuelle de la religion juive. Chateaubriand disait même que lorsqu'il se présentait devant le mur des Lamentations, il était stupéfait par ce peuple, le seul à avoir survécu depuis l'Antiquité gréco-romaine, intact, avec sa tradition, son histoire, ses rites et sa langue. Mais voilà, après l'admiration, il y a la haine. Parce que l'on n'arrive pas à appréhender ce groupe qui vit parmi tous mais garde cette étrangeté que l'on ne réussit pas à contrôler et à saisir. En cas de crise, c'est lui qui cristallise les hargnes. Je consulte une interview de Marek Halter écrivain juif polonais dont je sais l'attachement aux textes bibliques : « *la permanence antisémite est entretenue par leur longévité. Le Juif est le peuple du Livre, il est donc indestructible. L'antisémitisme classique, se résume à : "Ils sont partout, ils sont dans toutes les institutions". Avec les Juifs, l'on découvre la notion du temps linéaire. Abraham, Isaac, Jacob introduisent l'idée d'une génération qui s'enchaîne sur une autre : de fini, le temps devient infini.* »

L'anecdote est inouïe : nous rendons visite dans le haut pays varois, à un ami de ma belle-famille, un rebouteux habile à remettre en place les nerfs froissés, les tendons qui sautent, à dénouer les muscles, soigner les foulures et les articulations démises, voire les fractures. Ce jour-là, il avait dû boire plus que de coutume, tant il marchait en claudiquant, l'haleine fortement alcoolisée. Il s'approche de moi et me dit à l'oreille :

— Tu sais, je vais te confier un secret, si tu continues à dire ta poésie, à envisager même d'en faire une profession, tu perdras ta femme. Si, au contraire, tu t'éloignes de cet art, et mieux si tu l'abandonne, il y a de fortes chances pour qu'elle reste à tes côtés. Et puis je vais te dire autre chose, n'aies pas peur, Je vois en toi l'âme de Victor Hugo ; Attention, je ne dis pas que tu es Victor Hugo. Je suis perplexe, abasourdi : ai-je bien entendu ? ça me trouble. Moi, un poète ? J'écris des poèmes, certes mais je n'excelle pas en ce domaine, c'est encore enfantin, pas abouti ! Il est sérieux, là ?

Ce discours me parait tellement improbable, déraisonnable, incohérent que je décide de faire l'impasse sur le champ sur tout ce que je viens d'entendre. Je ne mesure pas l'ampleur d'une telle menace, concernant ma vie amoureuse. Mais lcs mots que l'on nous dit sont-ils définitivement perdus ?

Je suis incapable de dire combien de jours se sont écoulés depuis cette prémonition digne de s'accorder au vers de Guillaume Apollinaire « *passent les jours et passent les semaines, ni temps passé, ni les amours reviennent.* » Cannes, fin d'après-midi. C'est un jour ordinaire, comme tous les jours qui s'obscurcissent à la même heure. Je rentre à la maison au terme de ma journée de travail.

— Tu peux aller m'acheter du pain, s'il te plait ?

Je me saisis du porte-monnaie posé sur la commode, Je l'ouvre et je trouve une liasse de copies de récépissés d'heures de congés datés, donc déjà pris.

— Mais c'est quoi ça ? Tu vas où, lorsque tu prends ces congés ? Tu ne m'en as jamais parlé ?

Elle me fixe, un rictus aux lèvres, –je n'aime pas les rictus–

— Je ne t'aime plus. Quand pars-tu ?

Ma tête explose. Mon cœur se noircit. Le bonheur se meurt. J'ai envie de crier. Mais le cri ne vient pas. Je suis terrassé par le chagrin. Je pleure en silence toutes les larmes de mon corps. Je pleure parce que j'ai mal. Je pleure parce que je ne sais comment le dire à ma fille qui vient d'avoir 10 ans. Et surtout comment elle va le vivre. J'ai tant de peine pour elle. Jour de deuil. Le monde s'écroule.

« Le bonheur est-il fait pour durer ? Est-ce juste cet état de satisfaction des aspirations et des désirs, que l'on juge importants, à vivre dans la plénitude et la sérénité », si j'en crois Spinoza, ou alors *est-ce un objectif inatteignable*, comme dit Rousseau ? Le processus de délitement de l'amour est enclenché. C'est inéluctable. Le souvenir de sa fugue me revient en mémoire. Son malaise datait donc de cette époque. Je quitte le domicile conjugal, tête basse, les épaules lourdes, le regard saisi par l'amertume. Je pars avec une simple valise. Retour à l'errance. Je laisse sur place toutes ces choses matérielles que j'ai eu du mal à acquérir. Je suis le roi nu du conte d'Andersen. Je m'attarde devant les vitrines de magasins d'armes à feu. En finir avec ma souffrance qui cache probablement d'autres blessures. Je suis poussé vers l'acte fatal. Je me ressaisis quand j'entends résonner en moi, le rire de ma fille.

Je garde espoir qu'elle me revienne. Espoir de courte durée car tandis que je marche le long du rivage, je l'aperçois au loin, main dans la main avec un jeune homme. Elle sent que je la fixe du regard, retire brusquement sa main de celle de son amoureux. Je réalise qu'elle ne me donnait jamais la main, à moi. Je comprends que notre amour est mort. Définitivement mort. *« Love is dead »* !

C'est la descente aux enfers. J'ai l'impression de n'avoir pas été à la hauteur. Tout un pan de sécurité s'écroule. Je n'ai plus confiance en moi. Retour à la case solitude, à l'errance.

Retour à mes peurs anciennes dans ce midi provincial qui longe cette mer que je hais car ce n'est pas celle de mon cœur, la vraie, elle se trouve là-bas, dans mon pays, en Algérie, dont j'ai la nostalgie, l'Algérie des berbères, cette immensité sublime aux paysages de légende.

Je mentirais par omission si j'occultais un fait antérieur prouvant qu'elle me trahissait de longue date. J'avais retrouvé un jour dans sa poche, des coordonnées d'un individu dont elle était manifestement éprise. J'étais dévasté par la jalousie, à tel point que je relevais chaque matin avant et après mon retour du travail, la jauge d'essence de notre vieille Peugeot 204, pour comptabiliser le nombre de kilomètres effectués, afin d'imaginer sa destination. Après enquête fine, je localisai la zone géographique de cet homme, sa situation familiale. Je téléphonai à son épouse, l'invitant à une rencontre où je dirais tout. Elle était aussi accablée que moi. Elle me fit part qu'il était coutumier du fait. J'appris leur scène de rupture lorsqu'il me téléphona un jour pour m'injurier d'avoir été à l'origine de leur séparation. Un comble !

J'ai le cœur brisé, je suis envahi par la colère, puis vient l'abattement. Tout s'effondre. S'ensuit un dialogue imaginaire avec celle par qui mon malheur arrive :

—*Avant d'avoir cet enfant, tu jouissais, n'est-ce pas ? Tu prenais du plaisir, madame la parisienne, ça ne te posait aucun problème ? T'aurais pas pu me dire plus tôt que tu ne m'aimais plus, puisque tu savais que tu ne m'aimerais jamais ! je n'aurais pas fait tant d'efforts pour améliorer notre vie matérielle ! Je ne me serais pas crevé à chercher des boulots de merde...tu n'as pensé qu'à toi ! ta fille souffre comme jamais ! Sais-tu qu'elle se culpabilise au point de croire que cette séparation est de sa faute ! C'est à cause de toi que je suis venu dans cette ville provinciale, ce mouroir ! Je serais resté à Paris, la ville de mon âme… j'étais heureux là-bas !*

C'est le début d'une période instable, dévoyée, dépravée, décadente, suicidaire où mon instinct prend le pas sur ma raison. Puisqu'elle me jette à la rue, comme un vulgaire linge sale, je veux lui prouver qu'elle a fait une erreur d'appréciation, et que si elle ne prenait plus de plaisir avec moi, c'est parce qu'elle m'aimait plus, alors oui je vais faire jouir les femmes, toutes les femmes. Je les veux toutes, les grosses, les maigres, les belles, les laides, les intelligentes, les idiotes, les loufoques, les folles, les dérangées à mon image, celles surtout d'apparence androgyne à la plastique fine et sans seins. Je me pose même la question dans un coin de ma tête à propos de l'androgynie et son rapport à l'orientation sexuelle ou l'identité du genre et son lien avec l'image psychologique de soi qui mélange le masculin et le féminin.

Je pourrais les violer mais elles sont toutes consentantes. Je les attire dans mon studio encaissé à demi sous-sol d'un immeuble baroque, dont les fenêtres donnent sur une cour fermée. Toutes ces filles que je décide de mettre dans mon lit, deviennent les jouets de ma libido. Je n'éprouve aucun sentiment. Elles ont des pratiques sexuelles très imaginatives qui les rendent vulgaires. Elles me dégoûtent autant que je me dégoûte. Je veux que mon sperme coule en elles, déborde de leurs vagins, se répande jusque dans leur gorge, les étouffe à les faire vomir et que ça ne s'arrête jamais. C'est obsessionnel. J'ai conscience que c'est animal, anormal, décadent.

Qu'est-ce que l'amour ? Où ai-je fauté ? que m'a-t-il manqué ? Certes, l'amour est une notion assez complexe, tellement particulière pour chacun d'entre nous. Je croyais avant que l'amour c'était juste comme dans les films : une émotion, un plaisir partagé de se retrouver, d'être ensemble ! Il y a des signes qui ne trompent pas : se prendre la main, se tenir par le cou, être complices, rire ensemble, parler, parler beaucoup. Tout se dire. Et au fil du temps, reconnaitre ses erreurs, modifier son approche de l'autre. L'on n'arrive pas au sexe sans passer par des ententes qui sont autant de préludes qui comptent sur le chemin d'un épanouissement amoureux.

J'ai ce projet fou de vivre de littérature et de poésie. Pour tenir le coup, entretenir ma passion, je fais le professeur en poésie dans des bibliothèques, alentours. Je m'éclipse en douce du bureau, sans en informer mes collègues ni mes supérieurs. Lorsque je réapparais, soit ils ne se sont aperçus de rien, soit ils m'interrogent du regard. Je ne réponds pas. Je réitère mes fugues lorsque je me rends en catimini à des stations de radios privées que je choisis pour leur proximité pour parler de ma poésie. Face au micro, je panique. Je n'arrive pas à placer un mot derrière l'autre. C'est confus. J'ai un problème de coordination. Lorsque l'on me pose des questions sur mes poèmes, sur ma vocation, le temps que la question arrive dans mon cerveau, et que je l'exploite, il s'écoule un long silence durant lequel je me perds. Alors je réponds à côté. Les auditeurs trouvent mes propos intéressants parce que surréalistes.

Je gagne ma vie tout en la perdant. Je n'ai pas d'alternative. Je compte, je calcule, je classe des imprimés, j'enregistre des chèques, j'ouvre des enveloppes, je trie des lettres. Je me trouve une occupation lucrative : je collecte les timbres que la poste a oublié d'oblitérer. Il y en a des dizaines, chaque jour. C'est la mine d'or. J'ai un collègue qui fait pareil. Chaque matin l'on se précipite comme des *morts de faim* sur le courrier, jusqu'à se battre pour en avoir le maximum. Andrew est un personnage totalement farfelu. Il est grand, maigre, le visage en lame de couteau, il porte une gabardine grise –je n'aime pas les gabardines grises–, est procédurier, intente sans cesse des procès contre les uns, les autres. Dès qu'il franchit la porte de la salle de travail, tout le monde reprend en chœur l'air de la célèbre série télévisée d'animation « l'Inspecteur Gadget » créée en 1983 par Bruno Bianchi, Andy Heyward et Jean Chalopin, à qui il ressemble étrangement. Ça ne le fait pas rire, alors nous en rajoutons. Il ne peut s'empêcher de raconter qu'il faisait partie des barbouzes en Algérie, durant la guerre. Il obéissait aux ordres. Il sonnait à la porte de personnes ciblées, puis dès qu'elles apparaissaient, il leur tirait une balle dans la tête à l'aide d'un revolver russe de type OTS 38 silencieux, puis s'enfuyait.

Je suis l'ombre de moi-même. Cette société que j'ai fuie à la sortie de mon lycée, me rattrape. Mon premier mariage et les responsabilités qui en découlaient avaient créé mon premier enfermement. J'ai le sens du devoir et j'en paie le prix fort. J'ai toujours voulu améliorer la vie matérielle de mon foyer au risque de tomber dans le superflu alors que je peux vivre avec peu, ma vraie nature s'inscrivant dans la *décroissance*, ce concept à la fois politique, économique et social né dans les années 1970, sous la plume d'André Gorz, qui invite à la simplicité volontaire, en rupture d'avec la société de consommation.

Pour me dégourdir les jambes, je travaille en station debout, mode cheval. Cette vie régulière à horaires fixes, répétitifs est intenable. Pour que mon ennui soit moins pénible, je compose furtivement des poèmes, lors des pauses que je me concocte en douce. Les conversations de bureau sont insipides. Dire bonjour, chaque matin est une obligation que je ne supporte plus, comme je ne supporte plus écouter poliment mes collègues raconter leurs week-ends, leurs vacances en Auvergne ou ailleurs avec leurs femmes, leurs gosses, leurs chiens, ou pour ceux qui sont célibataires, suivre poliment leurs aventures en Thaïlande d'où ils reviennent avec moult détails sur leurs orgies avec des filles de joie. Il y a Catherine, la fausse blonde. Elle vient de rencontrer un type qu'elle rejoint chaque week-end en Avignon. Elle nous fait ses commentaires sur ses nuits d'amour, au retour de week-end. À la façon dont elle tient le stylo et le son qu'il produit lorsqu'elle écrit, l'on sait si elle a joui ou si ça s'est mal passé. Il y a Véronique, l'excitée à la voix métallique qui drague tous les hommes, en vain. Même avec ses robes moulantes, ses chemisiers échancrés, elle n'y arrive pas. Sa fille à tête de chienne avec sa langue pendante et vorace, est encore pré-adolescente. Elle passe la voir souvent au bureau à la sortie du lycée, et pour cause, elle furette dans tous les services, elle cherche les mains baladeuses des hommes mariés ou pas, qu'elle attire dans sa culotte. Sa mère ne le sait pas. Il y a Didier, contrôleur de son état, que l'on surnomme le « petit roi » parce qu'il est désagréable quand il fait le chef. Il est chétif, il a de petits yeux noirs, des cheveux charbonnés, le teint gris. Je saisis, amusé, ses regards complices avec notre chef de service. Ces deux tourtereaux ne se doutent pas que tout le monde sait qu'ils vivent ensemble. Ils arrivent séparément au bureau pour ne pas éveiller les soupçons. Le matin. Il arrive en premier, puis elle arrive quelques minutes plus tard, mine de rien. La farce se poursuit quand elle vient dire bonjour à tout le monde, lui y compris. Nous rions tous sous cape.

« Aimer, aimer à perdre la raison », chantait Jean Ferrat. J'ai une liaison passionnelle avec une jeune fille de vingt ans ma cadette, venue faire un stage dans cette administration. C'est juste son corps qui m'intéresse. Elle rompt derechef avec son amoureux. Lui est fou de jalousie. Il lui dit que si elle continue sa relation avec moi, il se tuera. Elle veut encore me voir. Je ne peux l'en empêcher. Il met sa menace à exécution. C'est un drame. Nous nous quittons. Tout ça pour ça.

LA VOCATION

Il suffit simplement de trouver sa vocation profonde et de se donner à ce qu'on aime avec un abandon total de soi

Romain Gary

Ma passion pour l'art poétique est inflammable. Elle coule à présent dans mes veines. Elle se glisse dans mes pensées. Elle régit ma vie toute entière. Je ressens au fond de moi un appel ou *vocare* en latin. Je ne peux plus m'en détourner. J'ai trouvé ma voie. Mais *« posséder un talent n'est souvent pas suffisant. Il faut aussi une prédisposition spéciale pour exploiter son talent »,* selon Donato Carissi.

Je me rends à Paris à de nombreuses auditions, pour me situer. Ce jour-là, j'ai rendez-vous au « café de l'Orient » au cœur du quartier latin à Paris. Parmi tous les candidats, tous inconnus, qui attendent leur tour, il y a une jeune femme au visage fermé, l'air ronchon. Elle ne salue personne. Elle est renfrognée, désagréable, hautaine. J'entends prononcer son nom qui ne me dit rien sur le moment et pour cause, c'est une inconnue. Elle s'appelle Anne Roumanoff. Sa prestation plutôt banale, ne se dégage pas des autres. Personne ne rit à ses sketches. Elle quitte le lieu, la mine désabusée.

Je consulte un médium. Il s'écrie en me voyant : *« arrêtez de tomber amoureux de toutes les femmes que vous rencontrez.* » Puis m'effleurant la main, selon une technique spécifique de voyance, il ajouta : *« vous allez rencontrer une personne avec laquelle vous saurez enfin ce qu'est le véritable amour, ne gâchez pas cette chance. »*

Je croise peu de temps après, le regard d'une jeune femme assise dans la salle d'attente du conservatoire de musique de Cannes. Elle lit « un Pont sur l'Infini » de Richard Bach. Nos enfants respectifs issus de nos premiers mariages, sont occupés à suivre leurs cours de musique. Elle s'appelle Marie. Il émane d'elle une douceur romanesque, quasi christique qui me trouble. Ce jour-là nous échangeons un long silence, des regards furtifs et quelques mots. Je ne sais encore rien d'elle. *Est-elle seule dans la vie ? Où vit-elle ? Que fait-elle ?* Cette fois, je ne suis pas comme d'habitude : *et si c'était elle* ? *Et si ce voyant rencontré il y a peu, avait déclenché le hasard ?* Car oui, le hasard est le principal déclencheur d'événements. L'on attribue son origine au mot arabe « *al-zahr* » signifiant « dés » venant du jeu de dés, mais il peut s'agir aussi du mot « *yasara* » de l'arabe classique qui veut dire « jouer aux dés ».

C'est l'époque où je contacte Martin Gray, au téléphone. C'est un survivant de l'enfer du ghetto de Varsovie et auteur de « Au Nom de tous les Miens ».

— Bonjour, voilà j'écris des poèmes, je dois publier un recueil, accepteriez-vous de m'écrire une préface ?

— Vous pouvez me dire un poème, là au téléphone ?

— Oui je peux vous dire quelques vers, par exemple, un poème qui parle de l'enfance : l'enfance bleue, jaillissant de sa source, comme un premier matin, à l'aube de sa course, s'étire en un jardin constellé dans la nuit….

— Ça me plait, ça coule comme l'eau d'une fontaine, je suis d'accord sur le principe, je suis prêt à vous recevoir, dites-moi quand ?

Rendez-vous est pris, Je me rends au jour fixé dans son domaine cossu de Tanneron dans le Var. Il nous accueille, Marie et moi, avec le sourire des grands séducteurs. Je suis impressionné. Il a des cheveux blancs, le front légèrement dégarni, le regard franc. Il parle fort avec un accent polonais, enchaine les phrases sans interruption. Son accent me rappelle celui de ma grand-mère de Kiev. Il me regarde dans les yeux. Le courant passe. Il sent visiblement à qui il peut faire confiance. Il a un sixième sens, c'est clair. C'est l'apanage de ceux qui ont réchappé aux camps de la mort. Il me raconte son histoire tragique que j'ai lue maintes fois dans les journaux :

— Nous sommes le 3 octobre 1970. Le massif du Tanneron, à la lisière des Alpes-Maritimes et du Var est la proie des flammes. Le mistral les propage jusqu'aux mimosas cultivés et aux pins avec une rare furie. L'incendie dure trois jours. Moutons, fermes, troupeaux sont ravagés. Des fermes sont détruites en même temps qu'une grande partie du massif. La ville de Mandelieu la Napoule, situé à 6 km et demi à vol d'oiseau en contre bas, est de justesse épargnée mais ce terrible incendie provoque la mort de plusieurs personnes, dont mon épouse Dina et mes quatre enfants âgés de 2 à 10 ans, soudain happées par le feu, qui étaient en train de se sauver.

Nice matin titre, en date du 4 octobre : « *Les incendies sèment la mort et la panique sur la côte d'Azur.* » Il me montre l'urne posée sur la cheminée qui contient leurs cendres. C'est impressionnant. Puis il me dit qu'il veut bien m'aider. Il m'insuffle la force de me battre :

— Il ne faut pas réfléchir, il faut foncer, il n'y a pas un instant à perdre. Le talent est en vous, je le crois, il en faut mais ce qui fait la différence, c'est la volonté de se battre ». Je vais vous écrire une préface de votre recueil et vous l'envoyer.

Lorsque je la reçois, je suis fou de joie. Elle m'ouvre un chemin vers une notoriété régionale. Il y est écrit : « *il n'est qu'une seule manière de parler de l'Homme et de ses sentiments : LA SIMPLICITÉ ; c'est ce que j'ai trouvé dans ces poèmes. Il m'a semblé qu'ici était l'écho de ma propre manière de dire : ÊTRE VRAI ÊTRE SIMPLE. Ce que j'ai toujours été quand j'ai écrit. Les mots lorsqu'ils sont ainsi sont le plus court chemin d'un homme à l'autre. »*

C'est une période où des forces positives se concentrent dans mon ciel pour m'indiquer que je suis sur la bonne voie. Je reçois tardivement cette lettre que je n'attendais plus, d'une association poétique très active basée dans le bassin Grassois, en Alpes maritimes, qui m'indique que mes poèmes leur plaisent et qu'ils souhaitent que je fasse partie de leur groupe. J'y vois un signe déterminant qui décuple mes énergies. Aujourd'hui, je trouverais que c'est anodin. Mais j'étais à cette époque dans un tunnel et cette lettre représentait une respiration, une ouverture. J'étais conforté dans mon axe. Dans un même temps, une opération « carte blanche » est lancée en direction de jeunes talents par Jean Pierre Magnan, directeur de la maison des jeunes et de la culture de Cannes, qui m'invite à y participer. Il met à ma disposition une bourse pour mes frais de préparation ainsi que la salle de spectacle pour faire ma première soirée. C'est une belle aventure qui démarre. Mon récital rencontre son public. Poursuivre sur cette lancée donne du sens à ma vie.

« Dans le langage des passions, l'œil n'a qu'un défaut, c'est de tout exprimer » écrivait Albert Lemoine, maître de conférences, dans « de la Physionomie et de la Parole », en 1865. Aujourd'hui, beaucoup de nos comportements, actes, mots, peuvent être filtrés par les conditionnements sociaux mais la tristesse, oui la tristesse, l'infinie tristesse due à un traumatisme, est un état que l'on ne parvient pas à cacher : nous sommes en direct sur France Bleue Paris-Ile de France.

Je réponds aux questions d'une journaliste. Autour de la table, il y a quelques jeunes lycéens invités à participer à l'émission. L'un d'entre eux me pose une question : « *faut-il souffrir pour écrire ?* » Je remarque un jeune homme au fond du studio. Il se dresse à l'évocation du mot *souffrance.* Il y a une tristesse infinie au fond de ses yeux. J'ai l'impression que nous sommes frères de peine. À la fin de l'émission, il vient vers moi, il me dit « *merci »,* puis il se présente :

— Je m'appelle Thierry Beccaro.

LA LIBERTÉ

La littérature et donc la poésie est l'arme ultime de la liberté humaine

Alexandre Gefen

Je recroise Marie. Tout se passe au niveau de l'âme. C'est puissant. Nous avons besoin l'un de l'autre. Nos fragilités se cherchent, s'aimantent. Je sais plus de choses sur elle. Elle est en instance de divorce. Elle vit seule avec sa fille en bas âge.

— La première fois que je t'ai vu, tu étais dans un halo de lumière, il y avait plein d'étoiles au-dessus de ta tête. C'est mon âme qui t'a reconnu.

J'ai peine à la croire. Elle semble illuminée. Mais ma naïveté me pousse à douter. Tout va très vite. Nous avançons désormais ensemble dans la même direction. Nous croyons déjà que nous nous aimons parce que nous avons connu l'échec amoureux.

Quelques mois plus tard, Marie m'aide à prendre la décision la plus importante de ma vie :

— Ecoute ta voix intérieure, tu es fait pour la poésie, je le vois bien, n'hésites pas ! Quitte ton boulot qui certes, nous rassure financièrement mais te tue à petit feu, tu verras, l'on s'en sortira !!!

C'est un jour qui compte. Le moment est venu. IL est unique et solennel. Je fais voltiger les imprimés administratifs, les nomenclatures, valdinguer les fiches en tous genres, les tampons. Je vide les tiroirs de mon bureau. Si j'osais, je ferais de cette paperasse un gros tas auquel je mettrais le feu comme ce jour où dès l'aube, nous avions quitté l'Algérie. Je pars. Je démissionne. Je quitte la fonction publique. Je m'évade de ma vie de petit employé médiocre et sans perspectives. Je me lance dans le monde de la poésie, cet art qui combine sonorités, rythmes, sensations, émotions, réflexions, fort d'une conviction quasi mystique que c'est mon unique voie. J'avais bien essayé de m'en éloigner suite à une déception amoureuse ou parce que je voulais garder un amour ou parce que ça n'avançait pas suffisamment vite ou parce que je me rendais bien compte que je n'arriverais pas à en vivre, mais une force supérieure me ramenait toujours vers cet art.

Mes anciens collègues m'apostrophent :

— Tu as tort de nous quitter, nous sommes bien ici, au chaud, nous avons la sécurité de l'emploi, tu le regretteras toute ta vie, tu t'en mordras les doigts. Dehors, tu vas souffrir, la vie est dure, tu sais !

En fermant la porte de cette administration pour la dernière fois, je repensais à leurs allusions antisémites à propos notamment de la fête de kippour pour laquelle l'administration m'autorisait à poser au moins deux jours de congés. L'apprenant, mes collèges m'avaient alors interpellé :

— Alors mon coco, tu profites des congés octroyés pour les fêtes catholiques et tu cumules avec tes fêtes juives. T'es un privilégié. T'es un malin, toi !

J'étais sujet à d'autres allusions à propos de l'argent et des juifs, lorsque je sous-louais mon studio, ils me disaient :

— Tiens, tiens, t'es bien actif quand il s'agit de faire du fric !

Je n'avais plus le temps d'écouter cette bande de scribouillards ternes, jaloux, sans perspectives. Leurs voix s'étaient perdues dans des zones complexes. J'étais loin d'imaginer à ce moment précis, que nombre d'entre eux allaient trouver la mort, emportés par la maladie ou pour cause de suicide. Et si j'étais un rescapé ?

Je fête ma nouvelle vie en respirant un bon coup. C'est comme si je sortais de prison. Je fonce la fleur au fusil vers la Liberté. Ça me fait drôle de n'avoir plus de travail obligatoire, plus d'horaires à respecter. À la vie, à la mort. Je multiplie les actions artistiques spectaculaires. Je veux vivre de ce métier de poète qui, selon les gens et même les poètes eux-mêmes, n'en est pas un. Je n'imagine même pas que c'est difficile voire impossible. *Just do it* ! J'entame une mue spectaculaire. Je sens descendre en moi un souffle qui vient d'en haut, me transfigure. Je deviens un combattant intrépide, porté par les forces de l'Idéal. La force est en moi. Oui, la force est en moi. Sur scène je deviens autre. Je me transforme, je me transcende. Je me métamorphose. Seule, mon âme me guide. Je suis invincible. Je n'ai plus de limites. Je deviens poème qui dit, crie, chante, vocifère, harangue, psalmodie, explose, exulte. Je ne porte plus ce corps maudit que je trainais comme un boulet. Les gens qui me connaissaient sont surpris, de me voir ainsi. Ils pensent que je suis fou ou que je me drogue. Ils ne peuvent pas comprendre.

Je me détourne dès lors, de tous ceux dont la vie semble vide et sans passion. Je fuis ces parasites à la langue de pute. Comme ils s'ennuient, ils écoutent tout ce qui se raconte, les petites nouvelles tant intimes que publiques, ils projettent leur mal être, ils cherchent un méfait à commettre. Ils sont à l'affût de la moindre opportune cible. Ils sont engoncés dans leurs gilets jaunes, leur égo, leurs préoccupations de petits bourgeois d'obédience trotskiste devenus capitalistes sans se l'avouer, mettant en scène leur petitesse, leur mauvaise foi.

Ceux-là se transforment plus vite que les autres en racistes qui se lamentent sans cesse, ne parlent que d'argent, de juifs, de maladies, de retraite.

Il est des moments où je pars dans un délire, sorte de bateau ivre, attiré par le grand large et je réorganise la réalité de façon exaltée, en croyant fermement à mes interprétations, sinon, les ombres me rattrapent et me ramènent à mon errance, à ma solitude, à ma folie, à ma perte. Ce sont des moments habités. Je suis dans cette autre dimension : je me revendique poète. Je rayonne. Je suis le roi du monde. Je suis en lévitation. Je suis Hercule. Je suis Ben Hur. Je suis Moïse. Je marche sur l'eau. C'est une renaissance. Je suis libre. J'organise ma vie comme elle fuit, insensible aux raisons des lâches et des conciliateurs. Je n'ai plus de barrières. Je suis fort, viril. Je suis à l'aise. J'ai de l'assurance. Ma voix devient ample, surprenante, je ne la reconnais pas. J'ai des intonations à la Jouvet. Je suis une âme. Je suis extra-terrestre. J'ai une aisance impressionnante. Je suis déroutant. J'ai un culot incroyable. Je ne crains plus les monstres. *Qu'ils viennent me chercher et ils verront qui je suis.* Je ne suis plus cet enfant chétif, fragile, timide, chahuté, balloté par des forces négatives, contradictoires, cherchant timidement ses pas. Je ne suis plus cet enfant peureux sur qui l'on jetait au lycée du ketchup ou de la moutarde. Je me défaits de toute emprise. Je deviens chef de guerre. Je veux sauver le monde. Je suis Zorro. Je prends la défense d'individus victimes d'injustice. J'entends des appels au secours, comme celle par exemple de Florence Cassez, emmurée dans une prison de Mexico. Nous convenons par téléphone, d'organiser une manifestation nationale de soutien à sa cause que je crois juste. Cette soirée connait un immense succès populaire. Ça me donne des ailes. Plus rien ne m'arrête. Je crée donc je suis. Je suis le chevalier des causes perdues. Je crée un événement pour défendre le poète palestinien Ashraf Fayad, condamné à mort en Arabie Saoudite, peine commuée en années de prisons et coups de fouet, en raison de son apostasie. Je crée des maisons du poème. J'organise notamment à l'Institut Goethe une manifestation d'ampleur autour de *la langue allemande des juifs*, ou comment les juifs ont pu réapprendre à s'exprimer et même à écrire dans leur langue maternelle après les horreurs du nazisme. Je suis un semeur de culture. Je suis Napoléon. Je suis d'Artagnan. Je suis Alexandre le Grand. Je suis Gengis Khan. Je suis Attila. Je suis le roi d'Amérique. Je marche dans Phoenix. Je cours dans Los Angeles, j'arpente le cœur de Beverly-Hills, afin de concevoir des projets de festivals. Je suis dans ma vraie vie, même si c'est une vie hors norme. C'est ma nouvelle réalité. J'existe enfin. Je suis fou mais vivant. Je suis fou mais heureux.

Je croise d'autres poètes au sein desquels j'ai peine à trouver ma place. Ces pseudo-poètes en dilettante, poètes du dimanche, n'ont pas mon énergie du surpassement, du dépassement, de l'affrontement au service d'un idéal, hormis une poignée d'entre eux que je compte sur les doigts d'une main. Ils disent qu'un poète ne doit pas vivre de sa poésie. C'est un monde d'individualistes, d'égocentriques récitant d'une voix précieuse, leurs poèmes abscons. Ils se présentent comme des humanistes. Que nenni ! Beaucoup d'entre eux sont universitaires. Ce sont les pires. Ils ont une idée arrêtée sur ce qu'est la poésie et comment l'on doit dire le poème. Si l'on s'en écarte, ils dégainent leurs critiques acerbes. Ils font partie d'un monde qui n'est pas le mien. Moi, je suis de la famille des *Si Mohand Ou m'hand,* poète et philosophe algérien né entre 1840 et 1845, issue de la confédération tribale de *Ait-Iraten,* déraciné, errant de village en village, sur les routes de l'exil, après la destruction de sa maison par les colons français et disant ses *Isefra* ou poèmes en berbère et à qui je rends hommage dans un poème :

Et toi Si Mhand U M'hand le rebelle, devenu poète universel, longtemps le ciel fut noir au-dessus d'Ichéraïouen. C'était un ciel déraciné dans un monde immonde, tes larmes cachaient le cri des ruines fumantes, du sang, de la colère, de l'enfance mis à mort. Longtemps, tu marchas tel un poète imam, au fil des oueds, dans l'antre des montagnes et le silence des martyrs pour répandre le verbe et la fierté kabyles.

L'on m'invite régulièrement à des événements poétiques pour dire ma poésie. Un soir, après mon récital, j'assiste à une conférence du poète polonais Kazimierz Brakoniecki qui porte sur le thème : « Humain parmi les Étoiles ». Il a lieu à Moëlan sur mer en Bretagne.

Evoquant les arbres, il dit qu'il faut les aimer et nous lit un poème émouvant sur la nature. C'est beau, puis il embraye sans lien avec son propos précédent sur un autre sujet qui fait allusion aux juifs polonais, dont il a visiblement envie de parler. Et soudain, j'entends cette phrase malheureuse, à propos des juifs :

— Oui, ils l'ont bien cherché !

Sous-entendu, les juifs ont eu ce qu'ils méritaient durant la Deuxième Guerre mondiale. Et comme pour disculper ses coreligionnaires, il ajoute :

— Les polonais n'ont été responsables de rien durant la dernière guerre.

Personne ne réagit dans l'assistance. Je suis révolté par ce versificateur qui parlait si bien des arbres et surtout je suis atterré par le silence du public. En Pologne, durant cette période sombre de l'histoire de l'humanité, les gens étaient comme eux, indifférents, silencieux pendant que les juifs étaient acheminés vers Auschwitz Birkenau J'exprime ma colère au nom de mes ancêtres, qui soulève des applaudissements.

Parallèlement à mon activité de performer, j'accepte de faire des incursions dans des centres spécialisés où séjournent des individus à problèmes psychologiques. À quel moment se sont-ils perdus ? Quelle parole les a un jour, blessés ? Où se situe leur ligne de rupture ? Lors d'une séance, j'ouvre exprès le thème du bonheur pour connaitre leur réaction face à un certaine mélancolie ou désespérance dans laquelle ils sont plongés. Je pose des questions en préambule :

— Est-ce que la gentillesse est un atout ?

— Doit-on obligatoirement être agressif dans la société, pour survivre ?

— Peut-on vivre avec les autres en étant soi-même ?

— Est-t-on sûr que ceux que l'on rencontre et que l'on considère comme gentils soient de vrais gentils ou alors est-ce une apparence dont ils se servent pour mieux séduire les autres et ainsi profiter de leur naïveté.

Je reviens de loin. J'aurais pu basculer comme eux dans un état dépressif ad vitam-aeternam si j'étais passé à côté de ma vocation.

Szeged est une ville du sud Est de la Hongrie, située au confluent de la Tisza et du Maros, à la frontière de la Roumanie et de la Serbie. J'y organise un événement littéraire dans le cadre d'un festival de poésie franco hongrois dont je suis le créateur. Nous rendons notamment hommage à Attila Jozsef qui a écrit ce merveilleux vers : « *pas de compromis, le bonheur m'appelle.* » Nous sommes dans un bar branché. J'avais invité pour une lecture de textes, un professeur de conservatoire de théâtre et ses élèves. Nous avions déjà travaillé ensemble à de nombreuses reprises. Soudain, à l'issue d'une banale controverse qui le rend furieux, il me regarde d'un œil noir et me dit droit dans les yeux :

— Vu ton comportement, tu dois être un homosexuel refoulé, et tu ne t'en rends pas compte, tandis que moi je suis un homosexuel assumé.

Là, je suis mal. Qu'avais-je fait pour attirer son courroux ! quels propos avais-je tenu pour soulever cette réflexion ciblée ? Où allait-t-il chercher cette impression ? Avait-il le droit de me le dire ? Ces mots réveillent en moi, une blessure. « *La vérité est souvent dérangeante, relative et laide* » a dit Nikki Gemmes, auteure australienne. Je me pose des questions. Je n'ai pas d'explications. Je me tais, je bats en retraite. Je n'affronte pas l'épreuve. Je fuis. Je me fuis. Je m'en veux d'avoir une attitude passive. Je ne m'explique pas cette fragilité qui me tourmente, que je n'ai pas encore identifiée mais qui transparait malgré mille paravents, murailles fictives que j'érige à l'intérieur de moi-même et qui sont censées m'autoprotéger.

Cette scène brutale me ramène à une situation très ancienne que je rapporte ici : je discute avec des peintres, sculpteurs, antiquaires. Nous parlons poésie. L'échange est hautement intellectuel. J'exprime avec naïveté, mon souhait de me lancer dans l'univers des mots, quand soudain l'un des artistes me regarde et fond en larmes. J'avais bien remarqué qu'il était gay sans y prêter attention plus que ça. Et là, Je ne comprends pas son émotion. Il me regarde, gêné :
— Je sens tellement de choses en vous, il y une souffrance, une détresse qui viennent de loin.

Il voyait donc en moi ce que je ne savais pas encore.

La vie avec Marie n'est pas facile. Elle s'émaille de compromis. Nos caractères s'affrontent, se heurtent. Elle a des attentes domestiques que je ne peux satisfaire. Je rejette toutes obligations matérielles. Vivre ensemble est difficile, dans ces conditions. Nous nous disputons pour un rien. Elle est impulsive, susceptible. Ses réactions sont parfois sauvages. Je ne suis pas exempt de reproches. Je suis caractériel. Je lui dis des choses qui lui font mal, exprès, j'aime souffrir quand je la fais souffrir. C'est excitant. Je ne sais pas pourquoi je suis comme ça. Je boude. Ça dure parfois des semaines.

Comment dans ces conditions, s'investir dans une relation amoureuse durable, qui exige d'être bien vivant en ce monde ? Vivre en couple, crée un engrenage. S'en éloigner avant, tant qu'il est encore temps. Je n'ai pas cette clairvoyance car j'ai un besoin affectif hors normes. J'en suis dépendant. C'est une impasse. Je n'ai pas les modalités psychologiques pour contrer mon assuétude. Cette carence affective exige que l'on me prouve sans cesse de l'attention, de l'amour. Je suis trop exigeant. À la moindre réflexion, mot de travers, haussement de ton, je me recroqueville dans mes doutes, mes frustrations, mes peurs, mes angoisses. C'est mon problème.

Le rapport de force nous lamine, brouille notre relation. L'argent vient à manquer. La communication entre nous n'est pas aisée. Nous portons des histoires familiales lourdes. Je n'ai pas eu de bons modèles. Elle est sous pression de son entourage qui lui répète à l'envi que vivre avec un poète est sans avenir.

— Qu'est-ce que tu fais avec ce type ? Ce sera toujours un miséreux, quelle sera ta vie, avec lui ? Il n'a même pas de talent ! N'est pas Léo Ferré qui veut ! As-tu réfléchi au moins ? Attends-toi à travailler toute ta vie pour lui ! L'on ne peut pas réussir en faisant de la poésie, cherche ton bonheur ailleurs, cherche quelqu'un d'autre.

Nos disputes nous lient dans l'invisible. Marie croit fort en cet amour. Elle résiste aux influences. Diane, sa fille, née de sa première union, vit auprès de nous à temps complet, tandis que ma fille Sarah nous rend visite épisodiquement, même si je dispose d'un droit de garde alternée. Elles sont toutes deux adolescentes. Des conflits jaillissent sans bonnes raisons et créent de la discorde, de l'incompréhension. La vie devient invivable. Je n'ai pas les moyens financiers pour acheter la paix sociale. Si j'en crois des études sérieuses, vouloir construire un avenir commun dans une famille recomposée, équivaut à vouloir construire sur des ruines. Vivre auprès d'enfants qui ne sont pas les nôtres réveille nos vieilles blessures et nous font revivre quelque part ce que nous avons vécu, enfant.

Je refuse le bonheur. Je ne veux pas être heureux. J'estime que je n'en ai pas le droit. Marie fait tout pour que je sois heureux. Je ne veux pas aimer. Je ne peux pas aimer. Je ne sais pas aimer. J'ai des comptes à régler avec cette ombre qui rôde autour de moi et ne me lâche pas. J'ai quelque chose qui ne va pas en moi, c'est sûr. Et je n'en connais pas la raison. Je suis en perdition. Il y a quelque chose qui s'est probablement déréglé à un moment donné dans ma vie. Je fuis probablement pour dissimuler une vérité que je ne veux pas connaître ou que je ne sais pas ou ne veux pas identifier. Une seule issue : rejoindre le ciel des oiseaux qui batifolent au-dessus de ma tête et m'invitent à atteindre d'autres cieux plus hauts, encore plus hauts, toujours plus hauts.

Certaines femmes veulent un enfant pour elles seules. D'autres veulent un enfant par amour. Marie désire un enfant par amour. *Pourquoi pas ! Oui, c'est une bonne idée.* Je ne réfléchis pas. Je sens que c'est bon pour ma vie, pour sa vie, pour l'amour que nous nous nous portons. Lorsque la nouvelle est officielle, c'est la fête dans notre cœur, nous valsons dans les rues de Juan les pins. Un orchestre imaginaire joue rien que pour nous, « *la 3ème symphonie N°3 en Fa Majeur, Opus 90* » de Brahms. Ça sera un garçon. L'amniocentèse qui analyse et compte les chromosomes fœtaux afin de dépister d'éventuelles anomalies génétiques ou chromosomiques chez le bébé, est rassurante. C'est décidé, nous l'appellerons Tao. En philosophie, ça veut dire : route, voie, chemin. Je réalise que je suis père d'un garçon. Cet enfant vient du ciel. C'est une bénédiction. Il apaise mes jours. Nous ne nous quittons plus. Pour la première fois, j'oublie mon angoisse existentielle. Mais j'ai peur pour lui. Quelque chose me pousse à le surprotéger, peut-être parce qu'au hasard d'une lecture, je tombe sans trop comprendre, sur un article qui expose que tout traumatisme peut affecter le sperme et que les pères peuvent transmettre leurs traumatismes à leurs enfants. Alors, j'ai tendance instinctivement à le materner, l'étouffer. Cette crainte sans mesure, accélère ma prise de conscience qu'il m'est bien arrivé quelque chose de grave. Marie ne se doute de rien. Elle est heureuse que je sois si proche de notre fils. Elle me dira plus tard qu'il aura participé à ma guérison.

Alors qu'il était encore dans son ventre, il m'inspirait ce poème :

L'aube avait pris dans les pousses d'herbe sentant l'encens et l'olivier. Marie marchait entre les siècles. Les nouveaux pauvres attendaient un prédicateur. J'avais soif de croire. Il était dit qu'un jour Marie enfanterait et que cet enfant porterait mon nom. Il y eut d'abord signe avertissant : la sensation étrange d'ébriété spirituelle lorsque, m'éloignant de mon corps, grâce au rêve, j'allai à la rencontre d'entités bleutées, portées par des ailes blanches, palpitant dans l'énergie des Suites de Bach pour violoncelle seul. La nouvelle éclata au bel Avril des gris et Marie se sentit Sainte. C'est prouvé à présent, par œil machine, la boule de cellules en effervescence, a un cœur qui bat, qui vit, qui est. Assoupi dans le jardin chantant, je laisse venir à moi, des mots de loin : Amour, Beauté, Liberté. Et puis, entre ces mots, des phrases courtes, vivantes, fortes de sens, font battre mes tempes : je t'aime, je t'attends. J'instruis la première mémoire de l'enfant. Je suis convaincu que nos pensées servent cette mémoire. Nous devenons très attentifs à nos moindres sensations, étonnements. Par exemple, lorsque nous marchons dans la rue, le monde alentours est lointain, sourd, ouaté. L'Aube avait pris dans les pousses d'herbes sentant l'encens et l'olivier. Marie marchait portant l'enfant. Mon chemin de fronde allait droit vers la lumière. Je devenais H.O.M.M.E.

Je ne connais pas vraiment Marie. Nous vivons ensemble, depuis tant années, mais nous ne faisons pas encore fusion Je prends conscience que Marie souffre devant ma fuite en avant permanente, mes infidélités à répétition dont j'ai honte, et qui, au fond, montrent que je suis encore malade. Encore faut-il que je sache de quelle maladie je suis atteint ! Car je suis bien malade de quelque chose. Sinon je ne trahirais pas mes propres valeurs.

Les amours adultères me font oublier mon mal être, et curieusement, attirent les femmes qui sentent ma fragilité et veulent me protéger. J'ai besoin d'un peu de temps encore pour résoudre mon problème. J'espère y arriver. Je sens que je peux m'en sortir. Des signes encourageants sont perceptibles lorsque je m'échappe par intermittence de ma propre froideur, de mon indifférence pour toutes choses qui m'entourent. Je boude de moins en moins, je souris de plus en plus. Mon énigme veut son épilogue. Car je sais à présent avec certitude que j'ai eu un choc dans ma vie. C'est une avancée. Mais il suffit d'une contrariété pour un mot qui me déçoit, une intonation qui m'énerve, un geste maladroit, un regard que j'interprète mal et dont j'exagère le trait, un silence que je trouve négatif, pour que la blessure en moi se réveille, Alors je cours me réfugier dans les bras d'une autre femme, jusqu'à oublier l'existence de celle que j'aime, avec qui je partage ma vie jusqu'à l'effacer de ma mémoire. Elle n'existe plus. Je la regarde mais ne la reconnais plus. Et dans cette circonstance, je n'ai pas le moindre remord. Mais lorsque ma blessure cesse de me faire souffrir, je reprends mes esprits et je me dis que mon attitude est affreuse, je m'en veux, alors je reviens toujours vers la femme que j'aime. Et c'est Marie que j'aime. Mais ce petit jeu est perdant-perdant. C'est invivable. Elle ne le supporte plus. Ma dernière infidélité ne passe plus. Elle hurle que ça ne peut plus durer, que je dois décider sur le champ ce que je veux vraiment. Je me donne 3 secondes. Partir ou rester. 1, 2, 3. Je reste.

Je pratique l'acte de décision en 3 secondes. C'est le temps qu'il faut pour décider. Je peux réfléchir en amont, des jours, des semaines, des mois mais lorsque la situation est en train de basculer, j'ai juste besoin de ces trois secondes pour régler mon dilemme. Au-delà mon esprit trouverait des prétextes pour se maintenir dans sa zone de confort. Il y a des rendez-vous que le destin nous propose et qu'il ne faut pas rater.

Je reste, mais en ce cas, je dois accompagner ma décision de preuves d'amour.

— Je veux me marier avec toi !

Ma demande la surprend. Je ne l'avais pas préparée, même pas imaginée. D'abord, elle ne me croit pas. Je la sens émue, circonspecte, au bord des larmes, car tout arrive d'un seul coup au terme de longues années instables. Je ne suis pas tout à fait prêt mais je sens que j'y parviendrai. Nous nous marions. C'est une belle journée. Le soleil inonde la salle des mariages de Golf Juan. *Temps radieux, mariage heureux.* L'on se le dit, droit dans les yeux, avec conviction. Diane, pleure à sanglots. Je ne sais si c'est de joie ou de tristesse. Il y a la famille de Marie. Mes parents ne sont pas là à cause de la distance qui nous séparent. Ça ne me dérange pas. Sarah est de bonne humeur. Je la sens, complice. Il y a Chantal, ma sœur qui me fait le plaisir d'être présente, il y a Gérard l'ami d'Oran, dont la venue m'émeut, il y a aussi Blanche notre amie camerounaise qui met une sacrée ambiance. Tao a déjà 5 ans. Il est lumineux. Il ne cesse de se blottir dans les bras de Gertrud, notre voisine d'outre-Rhin. Tout bébé, elle lui fredonnait des berceuses en allemand, ce qui avait eu pour mérite d'atténuer ma germanophobie.

Le soleil d'Avril donne de la force aux arbres, recouvre la nature de pousses de printemps, offre cette clarté humaine à la mer, inspire l'âme des poètes, introduit de la beauté dans les attentes, du souffle dans les aspirations. Pour la première fois, je me sens bien. Tranquille. Apaisé. Les choses sont claires. Je ne suis plus un intrus. J'ai enfin trouvé ma place. J'ai une famille. L'on me dit même que je suis chef de famille. C'est flatteur, mais ça me plait.

Mon engagement au service des idées et du bien commun, dépasse le poème, passe par l'engagement politique. Je me présente à l'élection municipale à Vallauris dans les Alpes maritimes, ville où Picasso travailla de 1947 à 1955 au sein de l'atelier « Madoura ». C'est là qu'il y renouvela la pratique de la céramique dont il réinventa les codes. Il se consacra à la sculpture qu'il assembla à partir de matériaux de récupération. C'était un travailleur infatigable. Une anecdote circule en ville à son sujet et fait toujours sourire. Déjà célèbre, il avait proposé de repeindre l'ancienne mairie devenue depuis bibliothèque municipale à un maire communiste. Celui-ci lui avait répondu qu'il n'avait pas les moyens financiers d'acheter des boites de peinture, passant de ce fait à côté d'une grande réalisation, peut-être un musée.

À l'idée sincère d'impulser dans ma ville, un mouvement pilote dans le domaine poétique, s'ajoutait l'idée de redonner à ma vie, de la confiance, mais plus insidieusement, de venger mon père, qui s'était toujours senti infériorisé vis-à-vis de tout pouvoir en place Je l'avais constaté, enfant, en Algérie et ça continuait en France. Il fallait voir comme il perdait pieds devant toute autorité, ses mains se tordaient, il n'arrivait plus à parler, ses lèvres sécrétaient un liquidc laiteux aux commissures. J'avais honte.

Notre liste arrive en tête des suffrages. C'est une grosse et belle surprise. Je suis nommé maire adjoint chargé de la culture. C'est ce que je souhaitais. J'ai plein de projets culturels pour la ville. Mais la lenteur administrative retarde, voire empêche leur exécution. En outre, mon savoir-faire culturel, dérange, nourrit des jalousies. Je fais de l'ombre à mon propre maire, qui voit son aura de dissoudre au regard de mes compétences.

Mon temps politique dans cette ville est un gâchis, une désillusion. Je fais partie d'une équipe protéiforme dans laquelle figurent des gens bornés, ne sachant même pas faire de phrases construites. Aucune vision, nuls projets d'avenir et même pas d'utopies. J'apprends la dure réalité des conflits entre majorité et opposition. C'est la guerre à couteaux tirés. Des paroles haineuses fusent dans les conseils municipaux chargés de régler par délibérations, les affaires de la commune, même si dans les coulisses, l'atmosphère y est moins tendue, plus policée. Mais dans la salle du conseil municipal l'opposition se met en situation de se donner en spectacle pour que la presse locale en fasse les gros titres. Le maire, porté au pouvoir par notre force de frappe se croit tout puissant, décide de tout au nom du droit divin, sans consulter ceux qui l'ont aidé à se faire élire. Il ne délègue pas. Sa première décision en conseil municipal est d'augmenter son indemnité de fonction mais il ne le fait que pour lui-même, juste pour marquer sa toute-puissance, d'où discrédit immédiat de la part des autres élus tous partis confondus et d'une grande partie de la population. Un jour, le maire nous dit : *vous n'êtes rien, c'est ma victoire*, oubliant au passage que c'est grâce à notre belle campagne, qu'il était arrivé au pouvoir.

La politique, c'est un cinéma dérisoire, pathétique, c'est une mascarade, une agitation d'ombres, un théâtre d'orgueil, une mauvaise parodie. Nous sommes obligés de voter les décisions que le maire prend, sous peine d'être mis à l'écart du groupe majoritaire.

— Vous êtes contre ma décision, donc vous êtes dans l'opposition, disait-il à notre équipe.

Malheur à celui ou celle qui affiche le fond de sa pensée, sous peine de perdre sa délégation. J'étouffe. Promettre, toujours promettre, surtout ne pas faire de vagues, surtout ne pas produire de mécontents, plaire à ses électeurs pour se faire réélire coûte que coûte à la prochaine élection. Et puis, ce Maire qui s'était présenté « sans étiquette » avait pris la carte d'un parti que j'exécrais, sous prétexte qu'il recevrait plus de subventions pour ses projets. Il m'avait donc trompé. Il fut mis en minorité peu de temps après lors d'une séance houleuse qui traitait du compte administratif sans sa présence. Il fut poussé vers la sortie. Je repris ma liberté. Ce fut une excellente nouvelle.

La politique, c'est une drogue dure. Malgré mon expérience décevante je ne me doutais pas que je me présenterais quinze années plus tard à deux nouvelles élections à Paris, la première sur une liste écologiste à la pensée accordée aux papillons qui butinent sur les buddleias et les asclépiades et la seconde sur une liste composée de bobos des quartiers chics, au style jeune cadre dynamique. Mea-culpa. Je faisais partie de ce piètre bal. Qu'allais-je faire en cette galère ? Là aussi échec total, signant la fin définitive de mes prétentions politiques.

Il est des signes qui surviennent à l'improviste et qui font avancer la résolution de toutes interrogations que l'on se pose intimement. Je consulte une jeune ostéopathe car je me plains d'un mal de dos chronique. Sa méthode repose sur l'effleurement. Soudain elle me regarde, et me dit :

— Je ressens quelque chose. Avez-vous subi dans votre passé un acte grave en rapport avec votre corps. Posez-vous des questions.

Je suis interloqué. Je quitte son cabinet, affolé. Je suis perplexe. Je ne suis pas prêt à faire mon introspection. Viendra bien l'heure où je saurai pourquoi je me sens en permanence en totale perdition, dissocié à l'intérieur de moi-même.

Pour ne plus y penser, je m'invente d'autres défis. J'ai besoin de cette montée d'adrénaline, de cette charge émotionnelle, de ce stress nourrissant, de cette excitation stimulante, pour fuir mes peurs. Dans ces circonstances je m'attelle à des projets fous. J'ai besoin de ces exagérations qui soulèvent ma vie, de ces cris dans les mots, de ces hurlements, que je pousse sur scène, pour faire fuir ces monstres qui me poursuivent.

Je veux me rendre utile aux autres. Je contacte S.O.S amitiés pour devenir écoutant. J'ai plusieurs entretiens avec des responsables de la structure, au terme desquels je suis accepté. Mais quelque chose m'interroge dans la dernière ligne droite :

— Si au bout du fil, un père me dit qu'il viole son enfant, est-ce-que je peux le dénoncer ?

— Non hélas, ce n'est pas possible. Vous devez garder le secret, vous devez juste écouter, c'est votre fonction.

Je ne me sens pas capable d'obéir à cette injonction. Je ne donne plus suite à cette mission. C'est une vraie déception !

Les services pénitentiaires d'insertion et de probation de la prison de Nice m'engagent pour transmettre mon expérience en langage et poésie. Je découvre un univers à part qui a ses codes, son mode de fonctionnement. Chaque semaine, j'ai rendez-vous avec un groupe de détenus volontaires dans une salle fermée, exigüe, sorte de ressac de tristesse, de frustrations, d'ignorance, de haine, de violence, de souffrance. Il me faut occuper leur espace mental tout au long de la séance qui dure deux heures, pour ne pas laisser la tension monter, sinon c'est le risque qu'ils dérivent dans des zones incontrôlables. Ils m'affirment tous que rien ne justifie leur incarcération et qu'ils sont là suite à une erreur judiciaire. Je ne suis pas dupe. Je les crois d'emblée pour faire retomber la pression. Ils sont dans le déni, cette stratégie de défense qui mène à nier la réalité. La conversation parfois s'anime, laissant libre cours à leur spontanéité :

— Je suis mon pire ennemi.

— Je suis le seul responsable de ma destinée.

— L'époque est dure, ça sent la défaite.

— La parole va au sens, le sens redonne la parole.

— Est-ce une punition d'être sur terre ?

— Loin de la justice des hommes, se sauver soi-même.

— L'espoir est une utopie.

— La vie c'est un mot, une parodie, une usurpation, une phobie, une erreur.

Ces phrases m'interrogent : quelle est la raison qui me met en situation de croiser la route de délinquants, de meurtriers, de voleurs, parfois de violeurs avec lesquels, il semble que j'aie des convergences. Leurs psychoses m'intéressent. Elles m'indiquent que je souffre de troubles de nature schizophrénique liées à une culpabilité probablement chimérique.

Je constate que les détenus sont majoritairement issus de l'immigration. La religion musulmane envahit les esprits qui se radicalisent dans un contexte persistant d'affrontement des communautés. Je veux comprendre, alors je lis le Coran. L'on veut me faire croire que l'islam est une religion de paix, mais j'y trouve des sourates criminogènes qui qualifient le non musulman de *Kouffar* ou *mécréant* ou *visage de l'enfer*, de *khanazir* ou *porc*. Pas facile d'être juif. Je ne le dis pas. Ça se complique sérieusement quand je présente mes recueils de poèmes. Ils lisent mon nom sur la couverture :

— Mais t'es juif ? Alors tu dois être riche, comme tous les juifs, comme Mark Zuckerberg le patron de Facebook qui a créé son « mur » sur fond bleu qui évoque le mur des lamentations et le drapeau d'Israël ! donc, t'es un feuj !

Certes, ce n'est jamais méchant, sauf que c'est un terme péjoratif, cela exprime un dégoût. Il y a une dimension physique dans ce mot. Didier Lapeyronie, sociologue, indique que « *sale juif* » ou « *nique ta mère* » c'est très proche du point de vue du contenu.

Mais tout n'est pas si noir au cœur des ténèbres. Il y a toujours une part d'humanité chez l'homme le plus abject, ouvrant la voie à une possible rédemption. Ainsi, lors d'une séance, mes élèves-poètes me rapportèrent que le chef de la prison, sur dénonciation calomnieuse d'un gardien probablement heurté par la belle relation que nous avions entre nous, les avaient convoqués pour qu'ils témoignent que je leur fournissais de la drogue :

— Mais rassure-toi, nous n'avons pas marché dans la combine, la ficelle était trop grosse, nous t'avons tous défendu.

Prenant connaissance de cette trahison, je démissionnai sur le champ.

L'antisémitisme que l'on espère voir s'éteindre depuis la Deuxième Guerre mondiale, n'est donc pas mort. Il y a toujours ces mêmes préjugés, allégations qui reposent sur du vent et blessent sournoisement ou de manière frontale, le juif. Il y a toujours un prétexte pour accuser le juif de tous les maux de la terre. Cette haine est ancrée dans l'esprit de tous les peuples depuis l'aube des temps. Je relate un fait qui le démontre : lors d'une création d'événement littéraire, j'invitai un poète syrien, talent émergent, Omar Youssef. Il a une plume remarquable. Il vient de fuir son pays. Nous prenons un café en terrasse d'un bar de Montreuil dans la région parisienne. Il me dit tout de go :

— Ah si mes parents savaient que je parle à un juif, ils me tueraient.

Quelle est la vraie origine de ce mal profond ancré chez l'homme et qui se transmet comme une maladie. Le terme « antisémitisme » et ses dérivés apparaissent en Allemagne, à la fin du XIXe siècle bien que la réalité des faits qu'ils décrivent soit plus ancienne. Pour l'historien Alex Bein, le terme fut utilisé pour la première fois, dans un seul article et de façon isolée, en 1860, par l'intellectuel juif autrichien Moritz

Steinschneider dans l'expression « préjugés antisémites »[1], afin de railler les idées d'Ernest Renan qui affuble les « peuples sémites » de tare culturelles et spirituelles[2]. Cette utilisation isolée n'eut aucune postérité. Le spécialiste du négationnisme Gilles Karmasyn rappelle que c'est le journaliste allemand Wilhelm Marr qui invente véritablement le terme « Antisemitismus » dans le sens « d'hostilité aux Juifs », à l'occasion de la fondation d'une « ligue antisémite » en 1879 et non, comme il est parfois rapporté, dans son pamphlet anti-juif « *Victoire du judaïsme sur la germanité considérée d'un point de vue non confessionnel* », publié la même année mais où l'expression n'apparaît pas·

Elles ne cesseront donc jamais, ces attaques sournoises ou de plus en plus directes en direction des juifs, l'argent des juifs, le pouvoir des juifs et ces reproches incessants de n'avoir pas ce que le juif possède ! S'ils sont riches, l'on dit qu'ils sont des profiteurs qui aiment l'argent et dépouillent les autres, s'ils sont pauvres, l'on dit qu'ils sont des parasites, sales, pouilleux, qu'ils cachent leur argent. S'ils sont patrons, l'on dit qu'ils sont des capitalistes qui exploitent le peuple. S'ils sont révolutionnaires et anticapitalistes, l'on dit qu'ils sont des organisateurs de révolution qui sèment le trouble. L'on dit aussi que les juifs restent entre eux, se soutiennent, qu'ils sont des affairistes nés et que c'est normal parce que c'est dans leur sang, d'où l'apparition dans les conversations du mot *atavisme* qui vient du latin *atavi* ou trait ancestral toujours latent qui peut se manifester à tout moment.

Il faut remonter au Moyen âge pour noter que les juifs étaient obligés de se tourner vers les métiers de l'argent. Il était trop facile après de les traiter de rapaces, d'avares. Mais

---

[1] « Antisemitische Vorurteile »

[2] La désignation des peuples du Levant sous ce terme remontait à 1781.

c'est au début du XIXe siècle, avec l'émergence du capitalisme, que le cliché des juifs et de l'argent s'affirme. Les préjugés se déchainent sur le constat que les juifs contrôlent les banques, la réserve monétaire, l'économie et les affaires. L'Église chrétienne fort du prétexte de leur faire payer le déicide de Jésus Christ n'a de cesse depuis plus 2 000 ans de diaboliser les Juifs, et les bannir, se servant du mot exil au sens de « *déplacement de population* » pour justifier la punition divine qui condamnerait les Juifs à errer de pays en pays.

« Tous les juifs ont de l'argent ». Les préjugés ont la dent dure. C'est une classification arbitraire car, si j'en crois une étude américaine parue dans « the Academy of Marketing Science » les victimes de tous traumatismes sont plus enclines à se débarrasser de leur nature matérialiste, justement pour fuir leur souffrance à cause de ce qu'ils ont vécu. Je me sens concerné par cette problématique.

LA DOULEUR

J'ai su très tôt qu'il fallait que j'écrive pour extirper de moi la douleur.

Françoise Xenakis

Je commence à souffrir de maux de tête chroniques, sorte de céphalées à tension tenace. Mais surtout je fais des mini coma dans mon sommeil. Je suis au cœur d'un rêve. Mon esprit est conscient, il veut se réveiller mais mon corps ne peut plus bouger. Il est paralysé. Je suis aspiré dans un précipice. Je m'enfonce dans les ténèbres. Je suis prisonnier de l'intérieur. Emmuré vivant. Aucun son ne sort de ma bouche. J'émets des râles. J'appelle au secours. C'est répétitif. C'est éprouvant. Je pense que je vais mourir. Je suis pris dans des sables mouvants. Plus mon esprit engage un processus de remontée vers la vie, plus je m'enfonce. Et si je laisse tout aller, je m'enfonce encore plus. J'attends la mort. J'implore juste qu'elle vienne vite.

Lorsqu'enfin, je parviens au prix d'un terrible effort, à m'extirper de cette mini–mort, je reste éveillé le reste de la nuit pour ne pas sombrer dans les limbes de l'enfer. J'en parle à mon médecin. Il me dit que ce n'est pas grave, que c'est probablement du stress. Je change de médecin, il me dit la même chose. Mais je leur réponds qu'ils doivent se tromper. J'en parle autour de moi, personne ne me prend au sérieux. Moi, je sais que c'est grave.

Je prends rendez-vous avec un médecin neurologue et lui fait part de mon problème. Elle m'écoute attentivement, me fait passer une IRM ou imagerie par résonnance magnétique du cerveau dont le diagnostic ne constate rien d'anormal, puis m'envoie faire des examens tel l'EEG ou électro encéphalogramme de sommeil, dont le but est d'étudier l'activité cérébrale en captant depuis l'extérieur les signaux émis par les neurones. Résultat : tout est normal. Elle me dit que je n'ai rien. Que c'est inexplicable. Mais me laisse partir avec mon problème.

J'essaie de chercher des informations sur le net. Je découvre l'étude de *Marie-Paule Lagrange* qui évoque le schéma d'un épisode psychologique passé, particulièrement traumatisant et terrible lequel crée un terrible stress intérieur. Elle indique dans son étude, que *« l'événement dont le patient n'a jamais pu faire le deuil est gardé dans un coin de sa mémoire consciente ou son inconscient. Le problème de céphalée est presque toujours déclenché par un incident significatif d'une situation qui s'est peu à peu organisée dans un sens défavorable à l'individu et qui lui fait revivre à l'âge adulte une situation du même ordre qu'il a mal vécu dans son enfance. Dans les céphalées de tension, il y a presque toujours à l'origine une histoire douloureuse et un événement, qui est en soi, faisant revivre cette histoire, et déclenche le mal de tête. »*

Elle ajoute : « *Cet événement n'est en général pas la cause directe de la céphalée mais il est là comme un écriteau sur une route pour nous montrer dans quelle direction emmener le patient à la recherche de faits plus ou moins fondamentaux qui ont marqué le déroulement de sa vie. Nous allons rencontrer dans cette quête de la vérité des situations familiales insupportables ou insupportées par l'individu.* »

Entre temps, ma mère est victime d'un Accident Vasculaire Cérébral qui la laisse paralysée, aphasique. Le diagnostic n'est pas bon. Il faut l'amputer d'une jambe. Peu de temps après, il est question de l'amputer de l'autre jambe. Je fais comprendre au chirurgien qu'il faut maintenant la laisser tranquille. Il est compréhensif. L'équipe médicale consent à accélérer sa fin. Pour prolonger sa vie de quelques heures, de quelques jours, je lui remémore des souvenirs qui lui rappellent l'Algérie. Je lui parle des lieux précis où notre vie s'écoulait, là-bas. Je lui rappelle l'esprit de famille qui régnait avec tous nos voisins kabyles lors des fêtes juives et musulmanes, je lui raconte des anecdotes anciennes qui l'émeuvent. Le médecin de service me sermonne.

— Il ne faut pas retarder sa mort car elle est entrée en sédation. Il est l'heure pour elle de quitter définitivement ce monde, sous peine de faire souffrir son âme.

J'appelle mon fils pour l'inviter à lui dire adieu. Lorsque je m'entends prononcer ces paroles, je pense à mon père qui avait fait de même avec moi au moment de notre départ de Kabylie, lorsqu'il s'était agi de dire adieu à ma grand-mère de Kiev.

J'ai en tête cette belle phrase d'Albert Cohen contenue dans le « Livre de ma Mère » : « *pleurer sa mère, c'est pleurer son enfance. L'homme veut son enfance, veut la ravoir. Et s'il aime davantage sa mère à mesure qu'il avance en âge, C'est parce que sa mère, c'est son enfance.* »

Dernières heures avant la séparation définitive. J'écris une pensée sur un bout de papier :

Les chants, prennent la boue, sur la terre comme au ciel. Sans cordon avec ma mère, j'erre. Dernière palpitation devant la tombe. L'automne perd ses feuilles. Désarroi intérieur. Effroi quand la mer se retire. Seul au monde. Effacé-vivant de toutes traces. De silence mortel en silence de mort. Déclenchement, d'une étreinte ultime. La mort sautille dans la chambre flottante, sur le lit fixe, dans l'air fétide, sur des murs qui suintent, dans les battements de l'amour. Langue nouée. Les mots tombés dans la fissure. Le corps en détention, éclairé par une caresse brève du dehors. Mutilation. Acharnement. Malédiction. Jambe nécrosée, avariée, amputée. Expier quoi ? Effroi dans les yeux, les ombres parlent entre elles. La luminosité de la cellule, argente l'ombre. Mausolée suspendu. Une porte d'hôpital, et du côté sombre, un tombeau roulant vers l'exécution. Panique dans sa pupille grise. Ses mains se convulsent, s'agrippent à d'autres mains. Puzzle d'où se détachent, une à une des pièces de sa vie.

Elle s'éteint dans mes bras dans une dernière respiration transformée en râle. Je jure que je la vois, la mort. Elle est horrible. Elle me nargue. Elle enfonce ses crocs dans sa gorge et d'un coup sec, l'emporte avec elle, comme un trophée. Je vois distinctement son rictus, –je n'aime pas les rictus–, j'entends son rire sarcastique, démoniaque. J'ai un flash. Ça me rappelle le rire du monstre qui avait emporté ma vie dans sa gueule. C'était quand déjà, c'était où, c'était… c'était… je ne sais pas, je ne sais plus, je ne veux pas savoir, j'ai trop mal à la tête. Plus tard, plus tard, je chercherai. Je sais juste qu'un jour, il y a longtemps, l'on m'a fait du mal, terriblement mal, cruellement mal, que j'ai souffert, et que ma mère n'était pas là pour me protéger.

Je suis étrangement calme. J'essuie cette bave cristalline qui s'échappe des commissures de ses lèvres. Elle est à présent de l'autre côté du mur. Elle rejoint à cette heure peut-être, d'autres terres, d'autres cieux, ceux qu'elle a aimés, son père, sa mère. Elle est probablement dans une autre réalité. Elle reprend sa liberté, elle entre dans sa *totalité*.

Je veux qu'elle me pardonne de n'avoir pas été un bon fils, de ne pas l'avoir pas assez entourée, de ne pas avoir respecté la promesse que je lui avais faite un jour sur les escaliers qui montaient à notre petit appartement en Kabylie. Je veux lui dire qu'elle va me manquer et que je l'aime d'un amour aussi vaste que le ciel. Je sais que son âme est suspendue dans la pièce, je sais qu'elle m'écoute. Et même qu'elle me voit.

Solitude d'un fils qui veille sa mère. Les infirmières me regardent avec affection.

— C'est tellement rare de voir un fils accompagner sa mère dans son dernier voyage. Ici, d'habitude ces femmes âgées meurent seules, sans famille, sans amis autour d'elles. Nous en sommes nous-mêmes affectées.

Mes frères et sœurs invoquent *un* prétexte pour excuser leur absence à mes côtés, et m'informent qu'ils me rejoindront au cimetière d'Orléans, lorsque son corps y sera acheminé puis inhumé dans le caveau où se trouve déjà, mon père. Je sais qui dit vrai ou ment.

Les tensions fraternelles resurgissent dans ces moments où l'on doit se soutenir pour partager une peine si profonde. Nous entourons son cercueil. J'ai encore la tête remplie de leurs paroles prononcées quelques instants auparavant :

— Où se trouvent tous les carnets d'épargne que maman possédait. Il semble qu'il en manque. Où les as-tu mis ? As-tu dit toute la vérité ?

Le cercle familial qui tenait avant sur des ententes de façade, venait d'exploser.

Moi qui me croyais fort, je tombe en profonde dépression. Je deviens l'ombre de moi-même. Je n'arrive même pas à me tenir debout lorsque je marche. Je suis hagard. Au lieu de me soutenir, mon entourage familial s'éloigne de moi :

— Tu as besoin de parler, consulte quelqu'un. Il t'aidera.

Je prends conscience que je ne peux m'en sortir seul. Je choisis au hasard sur internet une psychiatre. Il se trouve qu'elle est d'origine allemande. Elle me fait parler et je parle, je parle et lui demande à la fin de chaque séance ce qu'elle retire de tout ce que je lui dis et quelle est son analyse, mais elle ne me répond jamais. Elle me demande juste à la fin de l'entretien, de lui payer le prix de la séance en me donnant un prochain rendez-vous. J'arrête de la consulter.

RETOUR EN ALGÉRIE

C'est qu'il est impossible d'extraire du cœur de l'homme, son enfance, ses rêves son ciel étoilé et sa ronde lune.

Dany Laferrière

Arezki mon ami d'enfance apprend la nouvelle de la mort de ma mère. Il me téléphone. Il me propose de retourner dans notre village natal pour me rétablir.
— Viens, viens parmi les tiens, viens te ressourcer.

Plonger dans mes souvenirs d'enfance est un rêve que j'ai toujours fait. Un demi-siècle d'attente ! C'est une renaissance. Le grand retour. Je refais la route de l'exil, à l'envers. Nous dépassons Azazga, Fréha. Ah, La mer ! la mer ! Je ne l'aperçois pas encore mais elle m'enivre déjà. C'est excitant. Son parfum subtil m'envahit. Encore quelques virages et elle sera toute à moi. Au mouvement qui agiteront ses vagues, à l'épaisseur du ciel qui se posera sur l'une d'entre elles, je saurai tout de moi. Elle me révèlera des choses que je sais déjà mais n'ose exprimer. La mer. Ça y'est je la vois. Elle moutonne de plaisir. Elle est belle. Elle m'appelle :
— Pourquoi es-tu resté si longtemps sans venir me voir, viens vite admirer mes nouvelles arapèdes accrochées à mes rochers ! Te souviens-tu comme tu les arrachais indélicatement… mais tu étais jeune … j'ai gardé les traces de tes doigts…

La mer. Elle me rentre par les narines. Elle coule dans mes cheveux. Elle inonde mon corps d'enfant fragile, insouciant, timide, rieur. J'ai l'âge de mes rêves. Je ne veux pas grandir. Ce sont des moments fabuleux. Je plonge dans cette immensité qui me reconnait, m'enlace amoureusement dans sa tendresse, me porte sur ses épaules, me fait voltiger dans l'air avant de m'éclabousser en éclatant de rire. Impression de revenir chez soi. Retrouver ses repères. Réentendre les sonorités de sa langue maternelle ! *thaboukli (l'amitié) dounith (la vie) itège (le soleil) tathafath (le jour) degeth (la nuit) khouffe (la peur) tharguite (le rêve), l'ferhe (le bonheur*).

Renouer avec son milieu naturel. Les couleurs sublimes, l'odeur des montagnes, le chant du Muezzin dans les oreilles, le roulement des grains de semoule sous la paume des mains des femmes, les effluves d'oliviers et figuiers, racontent l'histoire de ce peuple fier. Arezki rit à gorge déployée. Je renoue avec l'amitié. La sensation de l'avoir quitté la veille.

J'entre avec émotion dans l'ancienne boutique de mon père comme tout client lambda. Je demande innocemment au jeune employé assis derrière le comptoir des nouvelles de Mohand Adjmout. À ces mots, il détale en direction de la réserve, revient avec un vieil homme :

— Tu es bien le fils de Samuel ? n'est-ce pas ? Tu sais, je dois encore de l'argent à ton père mais je ne peux le payer, le commerce est devenu difficile depuis que les français sont partis.

— Ne t'inquiète pas, je veux juste revoir les lieux où j'ai grandi.

— Alors suis-moi !

Hier tout était géant dans mes yeux d'enfant, là, tout s'était rapetissé, mais rien n'avait changé : la cour et son poulailler rempli de poules gloussantes en train de séduire un coq coqueriquant à tue-tête, l'escalier qui montait jusqu'à notre petit appartement mais ne continuait plus jusqu'au ciel. Ce cadeau valait toutes les richesses du monde.

Je retrouve toutes mes sensations. J'arpente la cour de récréation de mon ancienne école. L'instituteur m'invite dans sa classe. Je connais bien cette odeur de cahiers, d'encre chaude qui dégoulinait sur mes ratures. Je dis quelques poèmes aux élèves. Ils sont sages, attentifs, respectueux. Je leur dis que l'Algérie c'est aussi mon pays. Je me resitue dans la cour de récréation où je jouais, enfant. Je me revois marcher comme un funambule sur une ligne préalablement tracée à la craie, m'interrogeant sur ma destinée :

— Que deviendrai-je quand je serai grand ? Quelle vie aurai-je ? Quel métier ferai-je ?

Dans le village tout le monde veut me voir, me toucher. Et l'on rit. Et l'on mange des oursins, des sardines, des frites avec les doigts. Les personnages de mon enfance ont survécu au temps qui passe. Je les retrouve là, face à moi. Je les avais quittés, jeunes, comme moi. Ils me parlent de mes parents, de mes grands-parents dont ils se souviennent bien, ils me racontent plein d'anecdotes savoureuses. Ils me remercient d'avoir soutenu leur mouvement indépendantiste.

Je croise Ahmed, au coin de la rue. Il veut visiblement me dire des choses à propos de ce commerçant juif assassiné sauvagement dans le village, durant la guerre. Il me raconte que l'assassin avait pour mission de tuer un juif, n'importe lequel, alors il est entré dans le magasin de mon père, lui a parlé, a hésité à sortir son poignard caché dans les plis de son burnous, puis est sorti de l'échoppe, est entré dans un autre magasin situé tout à côté, tenu par un autre commerçant juif, l'a entraîné dans son arrière-boutique en invoquant un prétexte, l'a lardé de quarante coups de couteau et s'est enfui. Ce meurtre était en fait un acte de bravoure ordonné par son chef rebelle, lui donnant le droit d'appartenir au groupe qui l'avait enrôlé.

Je veux revoir Dalila avec laquelle j'étais si complice lors de notre pré-adolescence. Son frère Kader est plutôt gêné :

— Tu sais elle est mariée maintenant, et son mari n'acceptera jamais que tu lui parles, sauf si je suis présent lors de votre échange. Pour te faire plaisir car tu es un fils du village, je veux bien t'accompagner.

Tout ému, je la rencontrai. Je m'attendais à retrouver la douce jeune fille de mes souvenirs et là, face à moi, se tenait une petite vieille, le visage fripé, marchant d'un pas difficile. J'avais probablement changé aussi. L'on ne se voit pas vieillir.

Et commence dans ce pays qui m'a vu naître, la reconstitution d'une vie, exactement sur le même principe de l'enquête policière. Il semble que mon cortex qui s'était bloqué lors du choc, ouvre d'un coup ses canaux. Tout est en vrac : des choses belles, des choses dures. Mais ce sont les drames qui remontent le plus vite à la surface de ma conscience. Ma tête est assaillie par ce retour désordonné de ces images du passé. Elles regorgent de détails enfouis, occultés, niés, refoulés depuis l'enfance. Tout est passé au peigne fin.

— Oui, il s'est passé quelque chose de grave dans mes jeunes années. C'est encore flou. Je dois savoir. Je veux savoir.

Cette terre algérienne où je n'étais pas revenu depuis un demi-siècle m'apostrophe :

— Tu es revenu sur cette terre qui t'as vu naître pour comprendre, pour te comprendre, et non pour te justifier, alors arrête-toi un instant et confie-toi. Ici, tu n'as rien à craindre. Tu es chez toi, ici. Quel est ton lourd secret ?

— Il y a eu attentat sur ma personne, j'ai 12 ans, je fais la sieste, mon prédateur est dissimulé dans le noir, il se jette sur moi…

— Ne dis plus rien, j'ai compris. Je vais même te dire. Je vais te dire qui est le coupable. Et tu le connais. Ce n'est pas toi. Tu as subi. Tu es une victime, miskiin. Comment as-tu pu vivre si longtemps avec ce poids si lourd dans ton cœur. Tu aurais dû venir plus tôt et je t'aurais tout raconté !

— Arrête, arrête. Je t'en prie, arrête ! Je ne veux pas savoir. Je ne veux plus vivre avec cette histoire qui m'obsède, me hante, m'empêche de vivre. Plus tard, plus tard…

C'est une période qui précède de quelques semaines le terrible assassinat d'Hervé Gourdel, le guide de haute montagne, décapité dans le Djurdjura, par des soldats du Califat, un groupe djihadiste ayant prêté allégeance à l'état islamique. C'est l'heure du retour. La voiture démarre. Tout le monde me voit partir, alors que ça doit rester secret. Car tout le monde sait en Algérie, depuis la guerre, que tout peut arriver. Des peurs restent ancrées. Si la nouvelle s'ébruite, je cours le risque d'être exécuté au cours du trajet. J'ai un mauvais pressentiment. Je panique lorsqu'Ahmed, le chauffeur s'écarte subitement de l'autoroute Tizi Ouzou – Alger, prétextant un embouteillage monstre, puis emprunte une route départementale sans signalisation, mal éclairée. Il s'égare, demande à des passants, la bonne direction, alors qu'il est algérien donc censé connaitre le complexe autoroutier de son pays. Nous traversons Boumerdès, haut lieu de l'islamisation radicale. Je me fais tout petit dans l'habitacle du véhicule. Je retrouve mes peurs qui m'avaient assailli lorsque nous avions tout quitté. Les réverbères diffusent une clarté jaunâtre. Je suis traversé par l'angoisse d'être assassiné à mon tour. Nous arrivons enfin à Alger. Il est minuit. J'ai hâte de regagner la France. Je ne retournerai plus jamais en Algérie.

LE DENOUEMENT

J'ai toujours pensé que l'histoire demande le même art que la tragédie, une exposition, un nœud, un dénouement.

Voltaire

C'est dimanche. Nous sommes au joli mois de Mai, mois de la végétation, des fleurs, des sources et de l'eau. Dans certaines traditions, c'est le mois du retour des morts et des ancêtres mythiques.

C'est un jour particulier car c'est la fête des mères. Avec Marie, nous prenons un café à la terrasse de la brasserie l'Escale, à Golfe-Juan qui donne sur une mer si bleue, si calme. Je ne peux retenir un petit sourire lorsque je pense à mon père qui y avait fait halte pour garder un groupe de soldats allemands, durant la Seconde Guerre mondiale. Je ne l'aurais jamais su si je n'avais intercepté cette confidence en pénétrant dans sa chambre tandis qu'il était en phase de somniloquie.

La nuit d'avant, j'avais eu du mal à trouver le sommeil pour cause de douleurs lancinantes dans les jambes. Ce fut l'une, puis l'autre, puis les deux à la fois. Je n'aime pas ce genre de douleurs. Elles préfigurent en principe de mauvaises nouvelles qui touchent aux miens, aux êtres auxquels je tiens. Nous remontons en voiture jusqu'à Vallauris, distant de quelques kilomètres. Je me bronze au soleil dans mon petit jardin, tandis que Marie prépare une belle table. Mon téléphone portable sonne.

— Allo, c'est Yohan… comment ça va ?

— Ça va, je te remercie et toi ?

Un moment de silence.

— Ton frère est mort.

Stupeur. Incompréhension. Le monde s'écroule. J'arrête de vivre. Je ressens dans ma chair cette colère glaciale qu'exprimait Edward Munch dans son tableau représentant un fjord de Kristiania devenu Oslo.

Son cancer s'était généralisé à une vitesse incroyable. C'est une tragédie. Le Grand rabbin Olivier Kaufmann qui officie à la synagogue de la place des Vosges chante le kaddish, la prière des morts. C'est une cérémonie d'une extrême solennité. Puis il nous tient en aparté :

— Il ne s'agit pas de nier le chagrin, mais de le relativiser en situant la mort comme une étape à dépasser avant de rejoindre le royaume divin.

Nous échangeons quelques mots. Je lui confie quelques confidences sur la vie de mon frère qui est en partie la mienne. Il me regarde et me dit :

— Ecrivez, écrivez cette histoire. Vous êtes le témoin d'une époque. Nous avons besoin, nous juifs, de savoir.

Ces derniers temps, Serge me disait au téléphone qu'il avait mal au ventre, qu'il maigrissait à vue d'œil, mais qu'aucun médecin ne portait sur son cas, un diagnostic fiable. Il avait sans cesse besoin de me parler. Il avait baissé la garde depuis qu'il se savait très malade.

La crémation a lieu au cimetière du père Lachaise dans un silence sidéral. Je tiens l'urne cinéraire entre mes mains. C'est surréaliste. Ma peine est immense. Elle me renvoie à ma propre mort, à la vulnérabilité de l'existence. Toutes ces disputes qui nous paraissaient graves, n'étaient que broutilles.

Que reste-t-il d'une vie. Un être meurt et tout disparait. La mort met-elle un terme définitif à la vie où est-ce une étape ? Lorsque nos êtres chers réapparaissent dans nos rêves, est-ce la preuve qu'ils continuent à vivre dans un autre monde ?

Les mois qui suivirent furent terribles. Je tombai en dépression pour la deuxième fois. C'était plus violent que lors de la mort de ma mère mais dans un temps plus court. Je me crus dès lors atteint par toutes sortes de maladies. Je guettai les battements de mon cœur pour percevoir à quel moment il s'arrêterait. Je consultai à de nombreuses reprises mon médecin ainsi que des spécialistes de tous les organes de mon corps. Tous m'assurèrent que je n'avais rien, que j'étais un malade imaginaire et qu'il fallait me soigner pour ça :
— Vous vous inventez des maladies.

Je restai persuadé que ma dernière heure était arrivée. Je rédigeai mon testament.

Il est fort probable que la disparition de mon frère ait eu des répercussions sur l'auto déculpabilisation de mon problème intime. Un verrou de sécurité avait probablement sauté. Je n'avais plus peur d'évoquer en mon for intérieur, mon malêtre. L'exprimer par la parole était une autre affaire. C'était encore trop tôt.

L'actualité qui traite sans retenue des attouchements sexuels et des viols, me renvoie à mon passé douloureux, sert ma recherche de percer définitivement le mystère du mal qui m'étreint, en précipite le dénouement. Les victimes sont de plus en plus nombreuses à raconter leur histoire dans les médias. Elles libèrent leur parole. Ce n'est plus un tabou. Les émissions radio télévisées regorgent de faits délictueux en matière d'agressions. Je me fais tout petit à l'écoute d'une émission sur France 2, intitulée « Viol » où des femmes déclarent à visage découvert qu'elles ont été violées. Les langues se délient. Le viol touche toutes les classes sociales et à ma grande surprise, ça se passe principalement dans les familles. Le mouvement « *#MeToo* » créé dans le sillage de l'affaire Weinstein, qui dénonce les agressions sexuelles, prend de l'ampleur, brise l'omerta. Des témoignages de femmes affluent sur les réseaux sociaux, les chaînes de télévision : en France, des milliers de femmes sont violées chaque année, en moyenne, j'apprends que c'est au nombre d'une fois toutes les huit minutes. Le viol est un crime dans lequel la victime se sent coupable, honteuse, diminuée.

Ces femmes sont toutes extraordinaires. Ensemble, elles décident d'avancer à visage découvert pour interpeller les pouvoirs publics et la société tout entière. Leur objectif : favoriser l'émergence de la parole pour que la loi soit enfin appliquée et que le délai de prescription de ces actes infâmes soit rallongé. Et leurs propos font surgir de mon tréfonds un fait singulier encore nébuleux, qui stagne depuis un demi-siècle au cœur de mon être intime.

Je me sens en phase avec elles où se glissent de plus en plus d'hommes, violentés, frappés, abusés. Je me sens en communauté avec eux. Je me réveille lentement mais sûrement d'un cauchemar. Je dois absolument mettre des mots sur mes maux. Je me calfeutre dans ma chambre. Je passe par tous les états : accablement, abattement, indignation, colère, révolte.

Toulon. Mon regard s'attarde sur le mont Faron. Il fait déjà chaud et humide. Je déteste les chaleurs humides. Elles n'augurent rien de bon. Nous sommes invités, Marie et moi, chez mon oncle René et ma tante Huguette. Tout se passe bien. Je savoure ce moment. Nous évoquons ce passé lorsque tout jeune adolescent, je venais juste d'arriver à Orléansville pour faire ma scolarité. Il est environ 15 heures. Ma tante est d'une gentillesse infinie. Elle est à mes petits soins, m'offre un café au lait avec de petits cakes dont elle a la spécialité. Soudain je chancelle. Ce n'est plus elle que je vois, c'est ma grand-mère Esther. Je deviens blême. Je me frotte les yeux. J'ai l'impression de revivre une scène que j'ai déjà vécue. Je regarde autour de moi, un individu m'apparait. Pourtant, il n'était pas là à notre arrivée ! Il est petit, gros. Il a un rire stupide. Il semble à peine plus âgé que moi. Il porte un masque qui lui cache les yeux, la bouche, le nez, comme s'il craignait que je le reconnaisse.

Je crois devenir fou. La réunion familiale qui, il y a un instant, était joyeuse, devient macabre. Je n'ai plus l'âge mûr que j'avais en entrant. Il se passe quelque chose : j'ai 12 ans, j'ai la voix frêle et tremblante. Je suis assis sur une portion de chaise, désemparé, en état de sidération, les épaules lourdes, le front bas, les yeux regardant le sol. J'ai la tête en feu. Je suis bouleversé. J'ai mal à ma tête, à mon corps. Je ne peux plus rester. Je cherche une issue. Je me lève en tremblant. J'ouvre la porte, me précipite à l'extérieur, les laissant médusés. J'entraîne Marie dans mon escampette. Elle ne comprend pas. Je suis incapable de lui expliquer quoi que ce soit car je ne sais pas non plus ce qui se passe en moi. Je sais juste que j'ai un problème et qu'il est lié à cette famille.

Une fois dans la rue, j'essaie de reprendre mon souffle. J'ai l'impression que quelqu'un me poursuit. Tout me revient en 3 D. Oui c'est bien ça. C'est un jour où je n'ai pas classe. J'habite chez mes grands-parents à Orléansville où je viens d'arriver. Je dois avoir 12 ans. Je fais la sieste. C'est le noir absolu. Je suis allongé sur le ventre. Il fait déjà chaud alors que nous sommes à mi printemps. L'air est irrespirable. Soudain je sens la présence d'un individu dans ma chambre, je suis dans un demi-sommeil, une masse noire vient s'allonger sur moi. Je sens un truc dur dans mon cul. Ça me fait mal. Je crie mais aucun son ne sort de ma bouche. Je ne comprends pas ce qui m'arrive. Je suis perdu. Je sens dans mon ventre une coulée de liquide. Ça dégouline de partout. Je m'étouffe. Je suis paralysé. La masse a disparu. Je pleure. Je pleure à gros sanglots. Je tremble. J'ai froid. Je sais qu'il s'est passé quelque-chose de grave. Je n'ai pas de mots pour l'expliquer. Je me retrouve dans le salon. Je titube jusqu'à ma chaise. Il est là. C'est lui, c'est mon assassin, mon violeur, celui qui me souille, me détruit, brise mon enfance, ma jeunesse, à l'aube de s'éclore, brûle ma terre intérieure, me rend bizarre, complexe, anxieux, caractériel, à moitié fou, solitaire, émotif. C'est mon cousin. Il ne me regarde pas. Je ne le regarde pas. Il est avec ses parents. Ils sont tous autour de la table. À présent ils rient, ils parlent fort. Il doit être environ 15 heures. C'est l'heure habituelle où ma grand-mère sert le café au lait avec de petits gâteaux. Mes yeux sont vides. Je me tiens tête basse. Je regarde mes pieds. Je rougis. J'enfonce mon visage dans mon bol. Je suffoque. Je me noie. C'est le trou noir. Je suis aspiré par le vide.

Paris. Le ciel est clair et bleu. C'est la saison du réveil des végétaux. Je m'accorde un moment précieux à la terrasse de la brasserie Paris-Rome qui donne sur le boulevard des Batignolles. Mon portable sonne au même moment, dérange ma rêverie :

— Allo ?

— C'est moi, c'est ton cousin, tu sais ton cousin d'Orléansville, tu te souviens ? Je t'appelle de Toulon. Je viens de faire la connaissance d'un kabyle. Il est de ton village. Nous sommes en train de bavarder, et j'ai pensé que ça te ferait plaisir que je te le dise. Je t'ai retrouvé sur internet. Comment vas-tu ?

Je vacille. Je suis au bord du malaise. Cette voix, je la reconnais. Je n'ai jamais pu l'oublier. Je suis tétanisé. Je me raidis. Je blêmis. C'est une aubaine. Je tiens l'occasion providentielle de régler mes comptes avec ce monstre :

— Espèce d'ordure, tu es un salaud, une crapule, une « merde », un assassin, un pervers, un déchet, je te ferai bouffer ton sperme, tôt ou tard, jusqu'à ce que tu t'étouffes et que tu agonises dans ton magma, et que ce soit ton calvaire en ce monde où tu ne mérites plus de vivre.

Long silence. Il fait mine de tomber des nues, puis il avoue :

— Oh mais c'est rien, c'est pas grave...

Je coupe net le dialogue. Je sais la vérité. Toute la vérité. Rien que la vérité. Je sais la nature des faits. Je prends acte de mon traumatisme. Résilience.

Mais comment en parler à Marie. D'autant que me reviennent certaines de ses observations blessantes, du genre :

« *Tu as vu comment tu te tiens, sur ta chaise haute, tu croises les jambes comme une femme !* » ou bien « *tu as l'attitude d'une femme lorsque tu ramènes tes cheveux sur le côté !* ou bien « *tu ne fais pas homme sûr de toi, lorsque nous recevons du monde, tu ne t'imposes pas, l'on dirait un enfant.* »

J'ai peur qu'elle se moque de moi, je crains sa réaction. J'ai peur qu'elle tourne mon drame personnel en dérision, qu'elle se détourne de moi, qu'elle me rejette, qu'elle ne m'aime plus.

Alors je gagne du temps. J'ai encore quelques réticences à évoquer à haute voix, le nom du coupable alors que ma pensée, mon corps le savent déjà.

J'échange à nouveau, cette fois par email, avec ma neurologue :

— Je vous fais part d'une documentation trouvée sur le net, qui exprime ce que j'éprouve parfois, à savoir une douleur au fond des yeux qui agite mes tempes et que je masse régulièrement pour que la douleur s'en aille. Il y a cependant dans le texte une phrase sensible que je soumets à votre réflexion, à propos d'un fait terrible survenu dans ma vie et dont je vous ai parlé, c'est-à-dire le viol.

— Effectivement, ce genre de traumatisme peut être à l'origine de douleurs chroniques, dont les céphalées et les *malaises* se présentant comme des crises d'angoisses ou des pseudo-crises d'épilepsie. Une fois rassuré sur absence d'organicité, il faut apprendre à les gérer, comme vous le faites actuellement.

Mais pourquoi ne m'en avait-t-elle pas parlé lors de notre entretien au lieu de me laisser partir comme ça, d'autant que je lui avais fait part de mon viol ? Je consulte un spécialiste du sommeil. Je luis explique mon cas. Il a l'air de connaitre le sujet. Je lui dis ce que j'ai toujours dit aux médecins, à ma neurologue, à savoir que lorsque peu après mon premier endormissement ou au cœur de la nuit, je rêve, je veux me réveiller. Je ne le peux pas, au contraire, je m'enfonce dans les abîmes. Et plus je fais des efforts désespérés pour revenir à ma conscience, plus je retombe encore davantage dans le néant, émettant des râles inhumains. Il me regarde, me dit que ça arrive souvent et que je ne devrais pas me réveiller lorsque je rêve. Je ne peux pas croire à ce discours. Je lui demande alors pourquoi lorsque je dors avec la lumière allumée et que je rêve, ça n'arrive jamais ! Il n'a pas de réponse.

Je veux porter plainte officiellement, mais un demi-siècle s'est écoulé, rendant le fait prescrit, ce qui ne me laisse aucune chance d'être entendu pour faire juger le coupable. Mais je décide quand même de poster mon témoignage dans *balance-tonporc.com*, sorte de bouteille à la mer, en citant les initiales de mon violeur **F.K** : F comme le titre du film d'horreur de Johannes Roberts, thriller palpitant, paranoïaque et carrément inquiétant et K comme le titre du film réalisé par Alexandre Arcady dont le scénario évoque le passé nazi de l'Allemagne, doublé d'une intrigue policière, adapté d'un roman de Guy Konopnicki intitulé « Pas de Kaddish pour Sylberstein ».

Prenant cette initiative, j'avais fait un pas décisif vers ma guérison. Puis je me rends à la gendarmerie de mon domicile. J'explique mon cas. Je savais que la société avait évolué en ce sens que l'on ne se moquait plus de ce type de plaintes spécifiques. L'officier de police m'informe avec beaucoup de tact que mon témoignage est hors délais. Il ne fait que confirmer ce que je pressentais. Je suis déçu mais je pouvais être fier de moi : j'étais allé au bout de ma déculpabilisation.

Un abus sexuel marque la personne au fer rouge, la souille, la pousse à se cacher des autres. La honte est un mélange de peur du rejet et de colère. Jean Paul Sartre dit de la honte qu'elle est « *l'hémorragie de l'âme* ».

Tout ce temps passé à mépriser mon corps, à le reléguer dans les strates du temps, à brider ma personnalité, à ne pas m'aimer, à ne pas pouvoir aimer, comme placé sous anesthésie affective.

Je comprends enfin mes troubles anxiogènes, mes problèmes psychosomatiques, à l'origine de mes difficultés à m'insérer dans une vie personnelle, professionnelle, sociale, amicale, amoureuse, familiale. Je sais d'où vient ma douleur générale dans le corps qui ne peut être soulagée par des soins médicaux, ni par des médicaments. Je sais d'où vient mon addiction libidineuse au sexe. Je sais d'où vient mon rejet de tout confort et cet attrait pour vivre dans la rue, sans domicile fixe. Je sais d'où vient mon attirance pour les univers vagues, incertains, indécis. Je sais d'où vient ma dépendance amoureuse, qui apparaissait notamment dans mes phrases trop souvent prononcées à l'autre, du genre : est-ce que tu m'aimes ? signe d'un manque de maturité. Je sais d'où vient ma dépendance affective. Je sais d'où vient mon comportement de petit garçon, marchant à côté de sa vie et cette tristesse infinie de victime au fond de l'œil, qui s'est enracinée comme un arbre. Je sais d'où vient cette voix douce, éteinte qui m'empêche d'être moi-même. Je sais la raison pour laquelle je ne fais jamais confiance à autrui, et ma difficulté à m'engager dans des relations interpersonnelles, à être réfractaire à toute amitié. Je comprends mieux le reproche que l'on me fait souvent qui consiste à m'ouvrir à l'autre spontanément, parfois avec effusion, et là je déploie des sentiments sincères, puis subitement, sans raison, j'érige un mur de séparation entre nous et là, je deviens froid, distant, cassant, indifférent aux autres, au monde extérieur, insensible à la misère du monde. L'autre n'existe plus, il n'est plus rien. Je perce enfin le mystère de cette impression si désagréable que je dégage, de ne pas être en phase avec le réel, de ne pas être moi-même, de ressentir des sentiments permanents de vide.

Il est temps d'ouvrir les battants de mon cœur. C'est une nécessité. J'accepte de regarder la réalité en face. Je n'ai plus peur. Je ne veux plus être une victime. Je ne suis plus une victime.

L'on dit parfois des choses intimes à des inconnus, que l'on ne dirait jamais à sa propre famille ou à ses amis. D'abord, c'est une touriste franco-américaine que je croise et qui reçoit, la première, mes confidences. Je sais qu'elle s'en moque. Mais je ne la reverrai pas. Puis, je raconte tout à ma fille Sarah. Ah ! Sarah, c'est un soleil dans ma vie. Elle est aujourd'hui compositrice, musicienne, chanteuse au talent immense. Elle me regarde, surprise et triste. Elle a tant de peine pour moi. J'en parle plus tard à mon fils Tao qui pleure sur mon épaule. Je me confie à Diane, la fille de Marie afin qu'elle me pardonne de ne pas l'avoir comprise, lorsqu'elle vivait auprès de nous, de n'avoir pas su être plus mature lors de son adolescence.

J'en parle à Gérard, l'ami d'Oran. Il tombe des nues. Il a suivi mes états de folie, mes égarements. Tant que nous étions jeunes, nous pouvions nous en amuser, mais la maturité venant, mon déséquilibre allait grandissant, à la limite du supportable, tandis que lui allait vers une maturité qui évoluait avec son âge. Nous sommes assis face à face dans cette brasserie parisienne. Il m'écoute attentivement. :

— La poésie a été pour moi, un refuge, une fuite, pour ne pas sombrer comme tant d'autres qui ont mal vécu ce traumatisme et qui ont été jusqu'au suicide.

— C'est incroyable que tu aies mis tant de temps pour découvrir l'origine de ton mal intérieur.

— J'ai eu quelques flashes tout au long de ma vie et ces alertes se faisaient plus pressantes vers le tard de mon âge, mais dès qu'elles apparaissaient, je les enfouissais systématiquement au tréfonds de moi-même. C'était tellement incroyable. Ça pouvait arriver aux autres mais pas à moi.

— Je reste persuadé que l’art poétique était ta voie, et que si rien ne t’était arrivé, tu serais quand même devenu poète.

— Je ne sais pas. C’est possible. C’est vrai aussi que cette souffrance a pu être un déclencheur !

Pendant qu’il s’étonnait que mon temps de réaction suite à mon traumatisme fût si long, je revoyais dans ma tête, les images du film de François Ozon « Grâce à Dieu » dont les personnages avaient mis de longues années avant que la blessure ne se réveille. Et pourtant ce n’étaient que des attouchements et non des viols avec pénétration. Chaque ressenti peut être différent. Les répercussions de l'agression sexuelle durant l'enfance peuvent se manifester de plusieurs façons et à différents moments chez la victime. Elles peuvent apparaître de façon spontanée ou se laisser découvrir plus lentement, par exemple à partir d'un souvenir personnel ou d’une image vue au cinéma, à la télévision. Les réactions au traumatisme peuvent varier d'une personne à l'autre, mais certaines conséquences sont plus manifestes. Dans une scène du film, l’un des personnages ne put jamais s’insérer dans la vie. Il eut une sexualité à fleur de peau, obsessionnelle, exacerbée et son pénis eut même une courbure anormale. C’est une maladie qui peut apparaitre suite à un traumatisme lequel peut passer inaperçu durant des années tant que l’on ne s’en rappelle pas. Si j’en crois les spécialistes, ce dérèglement relève de la maladie de la Peyronie. Je reste coi. Je m’accroche au fauteuil. Je suis stupéfait. Il y a quelques mois, j’avais constaté ce même phénomène. Donc j’avais en latence, cette maladie qui venait de se réveiller au moment où je prenais conscience de mon traumatisme. Et curieusement ce dérèglement s’était estompé au moment où je mettais des mots sur mon problème. Dans cette histoire les victimes du même prédateur eurent la chance de se retrouver, de se soutenir, de se battre d’une seule et même voix, ce qui n'était pas mon cas. Et quand bien même je retrouverais d'autres victimes, nul doute que ça réveillerait en moi plus de douleurs.

Je fréquentais heureusement d'autres cousins merveilleux dans la ville de mon malheur. Je dois leur apprendre les faits, partager ma douleur :

« Je ne veux plus me taire. Aujourd'hui, j'ouvre mon cœur. Je le fais parce que je vais mieux. Lorsque la vérité m'est apparue, nue dans toute sa cruauté, j'ai été bouleversé, détruit. J'ai beaucoup réfléchi avant de vous le dire, puis j'ai décidé que vous deviez savoir. Je n'ai jamais été vraiment moi-même depuis cette période tragique car j'avais créé en moi sans le savoir, sans le vouloir, une culpabilité qui m'empêchait d'être heureux d'être ouvert aux miens que j'aimais et dont vous faisiez partie. Les conséquences de ce viol auraient pu être graves, irréversibles. Heureusement la poésie m'a sauvé. Ce fut un havre, une fuite éperdue vers la pureté. »

Jean Pierre est cancérologue. Il m'écrit sa tristesse : « *le viol est une violence singulière qui agit comme un acide rongeant sa victime dans la durée. Le violeur porte atteinte non seulement à l'intégrité physique de sa proie, mais également à son intégrité psychologique en la transformant en objet soumis à son désir et à sa domination. Il l'enferme dans sa culpabilité, et l'emmure dans le silence. J'ai gardé de toi le souvenir d'un écorché vif, à la sensibilité exacerbée. Je comprends mieux aujourd'hui cette impression. Je comprends aussi que la poésie a été l'instrument de ta résilience.* »

Nicole m'écrit d'Israël : « *le traumatisme que tu as subi, physique et moral, m'est parvenu comme un gros "boum" dans ma tête et dans mon cœur. À cette époque, personne n'aurait écouté ta souffrance, ni compris. Tu étais enfant fragile et il en a profité. Je m'en veux de n'avoir pas été capable de deviner ton désarroi. »*

Je tiens à écrire aussi à mon oncle Georges, à qui je dois ma passion pour le football. Il me téléphone pour me dire qu'il est affecté par cette nouvelle et que sa peine est profonde. Je lui rends visite dans sa maison tourangelle. Il a vieilli, marche avec peine. Nous parlons de ce qui m'est arrivé : *« Il faut vivre le présent. Ne ressasse plus cette horreur. Tu te fais encore du mal. Consacre-toi aux jours heureux avec les tiens. »*

Je laisse ma pensée répertorier les séquelles avérées de mon traumatisme : un rapport au monde faussé, une multiplicité de pièges et tentations et leur cortège d'émotions, de sensations, de pulsions sexuelles, de recherche de gratifications, de montée soudaine d'adrénaline, de troubles de l'identité, un état d'absence au monde, des répulsions, des angoisses, des phobies de la persécution, facilités par mon hérédité juive, des peurs qui brouillent la perception de la réalité, le manque d'estime de soi, l'impossibilité de s'abandonner, de faire confiance. La peur d'être démasqué, des évitements phobiques de toutes situations pouvant rappeler le traumatisme. Des troubles cognitifs et ses conséquences sur le raisonnement, des colères soudaines, des provocations gratuites faites à mon entourage, des souffrances psychiques et physiques chroniques qui se croisent, se superposent, la survenance de dépressions, l'envie de mourir, un sentiment d'étrangeté, l'impression parfois d'être le spectateur de ma vie, l'apparition au fil du temps de douleurs musculaires, articulaires, de troubles neurologiques tels des vertiges, bourdonnements dans les oreilles, des surdités foudroyantes, des céphalées, des étourdissements, des crises semi-comateuses dans mon sommeil, l'apparition au cours du temps du fantasme sado – masochiste et ce sentiment prégnant de culpabilité ! Et par extension, un manque d'autorité dans l'éducation de mes enfants pour ne pas avoir pu ni su dire non au violeur et peut-être une difficulté à m'imposer auprès des femmes qui ont compté dans ma vie.

Je comprends aussi pourquoi je me privais de tout, pourquoi je m'interdisais de me faire plaisir, de profiter de la vie. Non seulement je m'empêchais de goûter à des plaisirs simples, mais je refusais les cadeaux que Marie voulait me faire. C'était incompréhensible pour elle. Dans mon inconscient, je ne le méritais pas. Je me condamnais. Je payais le prix de ma supposée culpabilité.

Rester dans le monde de l'enfance. Ne pas grandir. Ne pas souffrir. Ne pas soutenir le jugement prévisible des uns, des autres. Ne pas subir leurs regards inquisiteurs aux bas instincts. Ne pas ressembler à ces hommes gros, gras, qui boivent, fument, jouent aux cow-boys. Tous des violeurs en perspective !

Je comprends aussi les raisons qui motivaient mes incursions professionnelles dans les prisons, les centres pour handicapés, les asiles d'aliénés, les centres médicopsychologiques, les maisons d'accueil pour enfants en rupture de liens avec leurs propres parents, dans le milieu de l'animation de rues. Je me punissais probablement de quelque chose et en même temps, je voulais comprendre les raisons de mon mal être, aider les égarés de la vie ou en instance de le devenir.

« Avoir subi des violences sexuelles dans l'enfance est l'un des déterminants principaux de l'état de santé, même cinquante ans après », assure la psychiatre et psychothérapeute Muriel Salmona. Elle ajoute : « *Alors qu'un adulte agressé a des points de comparaison entre un "avant" et un "après", un enfant n'a aucune référence stable sur ce qu'il était et sur ce*

qu'il voulait devenir, avec pour conséquences, de graves troubles de l'identité : qui est-il vraiment ? Un moins que rien qui a peur de tout, déconnecté pour survivre, absent de lui-même ? Un coupable qui mérite la mort ? » Un monstre qui pourrait devenir violent et qu'il faut sans cesse contrôler ? « *La vie peut devenir un enfer, avec une sensation d'insécurité, de peur et de guerre permanentes ». Sous emprise de son agresseur, n'ayant plus de repères sur ce qui est "normal" ou pas, ce qu'il a le droit de sentir, de dire ou de penser, l'enfant ne peut en outre acquérir aucune confiance dans son propre jugement ni dans ses sensations. Son rapport au monde est inexact. »*

« La violence sexuelle est une bombe à retardement. Quand elles ne sont pas tuées ou blessées sur le champ, les victimes se consument à petit feu », observe Violaine Guérin, endocrinologue car leur calvaire ne s'arrête pas une fois que leur agresseur a tourné les talons. En plus des horreurs vécues, elles subissent ensuite de graves conséquences physiques et psychologiques, parfois tout au long de leur vie. Pour nous permettre de survivre à des événements incompréhensibles, inassimilables, notre cerveau "disjoncte". Ce mécanisme de sauvegarde exceptionnel a un prix : celui de l'installation d'une mémoire traumatique enkystée qui menace d'exploser à tout moment. C'est une plaie béante qui ne cicatrise pas. On peut la recouvrir par d'épuisantes conduites d'évitement ou d'hyper-vigilance[1], l'anesthésier en se dissociant encore et encore[2]. « *Mais tant qu'elle n'est pas correctement soignée, la plaie est toujours susceptible d'apparaître au grand jour* », précise à nouveau Muriel Salmona. « *Outre l'âge de la victime, le type de traumatisme, la durée et la répétition sont des*

[1] TOC, ou troubles obsessionnels compulsifs, phobies, angoisses...

[2] Par des mises en danger, en reproduisant soi-même la violence.

facteurs qui détermineront la gravité du traumatisme, » dit la sexologue Fernande Amblard. Pour autant, ajoute-t-elle, « *l'importance des dégâts n'est pas prévisible : il se constitue une alchimie entre l'objectivité du traumatisme et la façon dont la victime y répond.* » La créativité des enfants pour survivre au traumatisme, pour se construire une vie à eux, envers et contre tout, est parfois étonnante et même s'ils sont rares, certains parcours témoignent en effet de bouleversantes résiliences.

Mais que de temps perdu ! Que de rencontres gâchées. Que de non-dits. Que de malentendus. Que de souffrances, que de mensonges faits à moi-même, aux autres ! Et cette exubérance aux effets gesticulatoires qui s'emparaient de moi lors de mes apparitions sur scène, n'étaient-elles pas, au fond, ce que j'avais trouvé de mieux pour étouffer mon traumatisme ?

J'étais mort à ma naissance. Je dois ma survie à un médecin militaire français, puis ma mort survint une seconde fois lors du viol, sauf que cette mort ne fut pas totale puisque je continuai à vivre dans l'irréel, grâce à la poésie qui me permettait de m'affranchir par intermittence de mon mal-être jusqu'à me projeter dans un monde parallèle, où je construisais mon univers. J'espère que la troisième fois sera la bonne et que je disparaitrai définitivement. Les derniers vers du poème de Victor Hugo dans « Véni, vidi, vixi », prennent toute leur résonnance : « *Ô Seigneur ! Ouvrez-moi les portes de la nuit, afin que je m'en aille et que je disparaisse !* »

J'ai encore des sensations inexpliquées. Je ne sais toujours pas s'il fait froid, s'il fait chaud, si j'ai soif, si j'ai faim. Il est des moments où je ne ressens rien. Une épaisse froideur glace mon cœur. Marie me dit parfois que je rentre à la maison, avec des bleus, des ecchymoses sur mon corps. Je lui réponds que je me suis probablement cogné contre un meuble ou que je me suis fait griffer par un branchage sans m'en rendre compte. Je n'ai pas encore tout à fait associé mon corps à mon âme. Je n'arrive toujours pas à écouter les gens avec attention. J'ai encore des crises d'angoisse mais elles se raréfient. Ma voix peut devenir subitement blanche. C'est un handicap qui m'a toujours poursuivi dans mon métier de performer, et que j'ai surmonté en le compensant par des inventions scéniques qui m'ont fait devenir plus acteur que diseur.

Il m'arrive de rester prostré sans raison devant un individu, pendant de longues minutes. Je connais cet état de sidération qui me ramène à mon traumatisme qui par sa soudaineté, sa violence, m'avaient figé. Je souffre encore de crises de paralysies du sommeil mais elles se sont espacées avec le temps. Ce sont probablement des séquelles qui perdureront, mais j'ai enfin l'explication de mon problème qui aura duré toute une vie. Je ne pouvais avancer que dans un monde improbable, parce que je n'existais pas dans le monde réel.

Coïncidence ou pas, je sais à présent lacer mes chaussures. C'est une grande victoire.

Malgré ma reconquête sensible de l'harmonie, Marie continue à me dire qu'il subsiste toujours au fond de mon œil cette infinie tristesse. Elle pense que ça ne partira jamais.

REAPPRENDRE À VIVRE.

Si tu plantes le goût de la paix assez profondément, la confusion s'éteindra d'elle-même.

Seng Ts'an

Aujourd'hui, je vis dans le présent et je m'y sens bien. Je me fiche de mon image. Il me reste peu de temps à profiter d'une vie normale, à écouter le langage des oiseaux, à suivre le vol intelligent des abeilles butineuses, à créer de l'amour à partir d'un simple brin de soleil, à me promener en famille, dans les jardins du Paradou qui s'étendent sur les hauteurs de Vallauris, avant de descendre jusqu'au village, pour prendre un café au bar « le Provençal » où musardent aux heures d'affluence, des langues, des cultures.

J'étais loin d'imaginer au moment du viol, que mon âme, en s'échappant de mon corps défait, outragé, pataugeant dans son détritus de chair glacée dégoulinant de ce liquide honteux, au lieu de rejoindre le ciel, ce qui aurait signé ma mort définitive, stagnerait dans l'astral, laissant à ce corps maudit une chance de se recomposer grâce au miracle de la poésie. M'étais-je créé inconsciemment un idéal pour survivre, était-ce inné ou le dessein d'une puissance mystérieuse décidant pour moi du chemin qui serait le mien ?

Heureux qui comme Ulysse a fait un long périple dans les entrailles de la souffrance, puis est retourné sous son ciel intérieur vivre entre ses pensées le reste de son âge.

« Parfois le poids de l'enfance vient perturber plus qu'il ne faudrait notre vie d'homme, c'est le poids de notre mémoire en ce qu'elle a de rappels trop assourdissants. Nul ne guérit de son enfance », a chanté Jean Ferrat.

J'aspire à la paix absolue, à l'harmonie. J'ai rendez-vous avec l'enfant en moi, qui s'extasiait devant cette armada de peupliers, d'eucalyptus, de cyprès, de jardins attenant à des maisons posées dans la lumière, de marguerites, de chardons violets ou jaunes, de coquelicots complices qui recouvraient les pentes sauvages de mon village.

J'ai pris le temps de fouiller dans mon passé pour y traquer le fait marquant qui pouvait expliquer la raison de ma dépendance affective irrationnelle et infantilisante. Ma pensée a repéré la scène où ma mère avait juste quelques minutes pour décider ou non de rejoindre son amant militaire qui l'attendait au port. Ce syndrome de l'abandon avait provoqué en moi, un sentiment permanent d'insécurité et conditionné ma vie amoureuse, alors même que la séparation n'avait pas eu lieu. Ce sentiment d'abandon s'était accru et avait perduré lorsque je m'étais retrouvé seul, dans une ville étrangère, aux lendemains de mon viol.

Je reviens aussi, sur ma sexualité flottante : *si je n'avais pas glissé vers ce monde inverti, c'était tout simplement parce que mes penchants n'étaient pas innés. Ils provenaient de ce que j'avais subi.* J'étais passé à côté d'un péril grave, mon corps m'appelant à revivre l'horreur, ma tête le refusant. Je n'ose imaginer ce qui se serait passé si à cette époque, les mœurs avaient été aussi libérés qu'aujourd'hui, incitant à la permissivité homosexuelle.

Qu'il est doux de vivre ce sentiment enivrant d'avoir échappé au pire, d'être sorti vainqueur de ma drôle de

« guerre », d'avoir su créer dans les décombres d'une vie blessée, meurtrie, un parcours singulier et riche, d'avoir progressé artistiquement tandis que je m'enfonçais dans mon propre délire.

C'est une nouvelle vie. Lorsque je regarde le chemin parcouru, je suis presque étonné et plutôt fier de mon parcours, qui sans atteindre la gloire dont je rêvais, m'a permis de me hisser hors de ma condition d'origine, de vivre de ce métier improbable, de me donner un statut social, de me soigner progressivement de ma douleur, de me retrouver enfin, –mais quel long chemin pour réapprendre à être soi-même–, et surtout d'avoir rencontré l'Amour avec un grand A, d'avoir fondé une famille, d'avoir surtout assumé la responsabilité à tous niveaux qu'elle entraîne.

ÉPILOGUE

Il doit toujours y avoir énigme en littérature

Mallarmé

Ce matin-là, comme tous les matins qui se lèvent à la même heure, je fais une petite marche. Cette fois Marie est auprès de moi. Nous sommes au café « le New York ». C'est un premier Mai. Je viens de lui offrir un brin de muguet. Nous regardons la mer. Nous partageons un silence qui nous apaise. Cannes offre sa clarté silencieuse, sa quiétude mûre. Je me sens en harmonie avec l'environnement. Je regarde le ciel et les oiseaux. Je leur fais signe.

Je voyage dans mes pensées, lorsque Marie, mue soudainement par une intuition quasi mystique, me regarde au fond des yeux :
— Dis-moi, ça ne t'est jamais arrivé ?

Je ne réponds pas. Je m'absente de la conversation. Je me sens traqué. Je panique. J'ai peur. Je regarde ailleurs.

Elle insiste :
— Ça ne t'est jamais arrivé ?
— Quoi, mais tu parles de quoi ?
— Alors raconte … dis-moi tout !

Je m'effondre. Je pleure. Mes larmes pleuvent sur la mer. La mer déborde.

Je me retourne et je vois un enfant. Il me ressemble. Il a 12 ans. Il est assis sur une portion de chaise, apeuré, prostré, dévasté, en état de sidération, tête basse, les épaules lourdes, le regard saisi par l'effroi.

Je lui prends la main,

Et je lui dis :

— Allez viens, n'aie plus peur, je vais te raconter. C'est une longue histoire…

Sources : Albert Memmi, Si Mhand U m'hand, Marek Halter, Jean Ferrat, François Ozon, Violaine Guerin, Muriel Salmona, Fernande Amblard, Philippe Delorme, Mircea Eliade, Didier Lapeyronie, Rosie Pinhas Delpuech, Marie Paule Lagrange, Violaine Guerin.

Table des matières